RK-013

MASSIMILIANO AFIERO

FALL WEISS

I REPARTI COMBATTENTI SS IN POLONIA SETTEMBRE 1939

FALL WEISS - I reparti combattenti SS in Polonia Settembre 1939 - RK013 Prima edizione Settembre 2019 by Luca Cristini Editore per i tipi Soldiershop - Ritterkreuz Special.
Cover & Art Design by Soldiershop factory. ISBN code: 978-88-93275132

Massimiliano Afiero

Fall Weiss
I reparti combattenti SS in Polonia Settembre 1939

Un osservatore avanzato dell'artiglieria dell'*SS-Heimwehr-Danzig* in addestramento, agosto 1939.

Introduzione

Ottanta anni fa, il 1° settembre 1939, iniziava la Seconda Guerra Mondiale. Le forze tedesche invasero la Polonia per riprendersi i territori perduti dopo la Grande Guerra ed assegnati dalle potenze vincitrici al nuovo stato polacco. Qualcuno si chiese se fosse stato giusto morire per Danzica, ebbene quella domanda è rimasta ancora senza risposta. Francia e Inghilterra per mantenere la parola data al governo di Varsavia, dichiararono guerra alla Germania, senza però attuare alcuna contromossa militare, lasciando le forze polacche a difendersi da sole, senza alcuna speranza di potersi opporre alla potenza distruttrice della *Blitzkrieg* tedesca. Verso la metà di settembre, con l'esercito polacco in piena rotta e ormai sconfitto, anche l'Armata Rossa invase la Polonia, con il pretesto di proteggere le minoranze russe nel paese. Una pugnalata alla schiena, autorizzata dal patto Ribbentrop-Molotov dell'agosto precedente. Ma Francia e Inghilterra non dichiarono guerra alla Russia di Stalin.

Durante la campagna di Polonia, i reparti combattenti SS parteciparono alle operazioni militari aggregati a varie formazioni dell'esercito regolare, per preciso volere dell'alto comando dell'esercito tedesco, che considerava le formazioni della SS ancora come truppe da parata, quindi non ancora pronte per la prima linea.

L'impiego delle formazioni SS durante la campagna di Polonia non fu decisivo per la vittoria delle armi tedesche, ma sul piano politico-militare fu importante per la loro definitiva trasformazione in vere e proprie unità combattenti. I reparti SS si comportarono bene, ma subirono le critiche degli alti comandi dell'esercito, soprattutto per quanto riguarda il notevole numero di perdite subite in proporzione ai compiti assegnati. Sotto accusa soprattutto i quadri ufficiali, considerati scarsamente ed inadeguatamente addestrati. Gli ufficiali SS si giustificarono accusando a loro volta i vertici dell'esercito circa il cattivo utilizzo delle loro unità, spesso sacrificate in vere e proprie missioni suicida. Himmler si convinse che se i suoi reparti fossero stati utilizzati autonomamente avrebbero potuto dimostrare meglio tutto il loro potenziale. Forse l'unica vera colpa dei combattenti SS è da ricercarsi nelle loro tattiche aggressive e spregiudicate, nella loro spavalderia nel lanciarsi all'attacco delle posizioni nemiche, nel sottovalutare la forza del nemico, così come gli era stato insegnato durante l'addestramento. L'esperienza sul campo di battaglia era tutta un'altra cosa. Le pesanti perdite subite furono una utile e dura lezione, che forgiò lo spirito combattivo dei soldati della doppia runa.

In questo volume è riportata la storia dei reparti combattenti SS, principalmente la *Leibstandarte Adolf Hitler*, le *SS-Verfügungstruppen* e l'*SS-Heimwehr-Danzig*. Non abbiamo quindi trattato l'azione degli altri reparti tedeschi, che dipendevano comunque dal comando SS, che furono impegnati esclusivamente nelle retrovie in compiti di sicurezza, come i cosiddetti *Einsatzgruppen*, che furono coinvolti nei massacri di civili polacchi e nello sterminio e nella deportazione dei civili di origine ebraica.

Massimiliano Afiero

Fall Weiss

Il piano di invasione tedesco della Polonia, denominato in codice *Fall Weiss* (Piano bianco), prevedeva la distruzione delle forze armate polacche nel più breve tempo possibile, con un attacco concentrico verso la capitale polacca, portato da sud-ovest, dalla Slesia e, a nord, dalla Pomerania e dalla Prussia orientale. La rapidità di esecuzione rappresentava una parte importante del piano e questo per la preoccupazione dello stato maggiore tedesco di un possibile intervento delle potenze alleate scese al fianco della Polonia con la conseguente necessità di dover trasferire le truppe sul fronte occidentale per difendersi da un eventuale attacco francese.

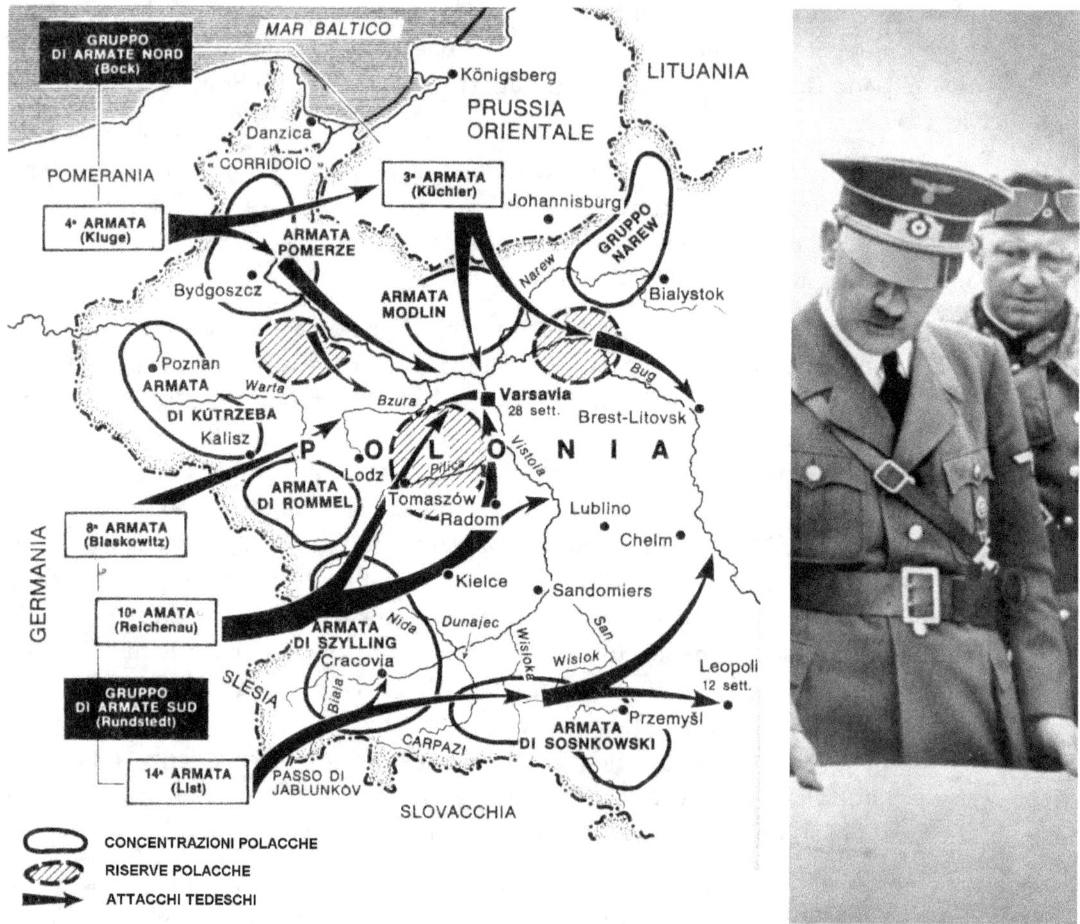

Le operazioni militari in Polonia, settembre 1939.

Adolf Hitler, 1939.

Per la nuova offensiva, le forze tedesche erano state divise in due gruppi di Armate: il Gruppo di Armate Nord, agli ordini del generale von Bock, comprendente la *4.Armee* e la *3.Armee* e il Gruppo di Armate Sud, agli ordini del generale von Rundstedt, comprendente l'*8.Armee*, la *10.Armee*, la *14.Armee* e il gruppo di armate slovacco *'Bernolak'*. Da nord-est, dalla Prussia orientale, attaccava la *3.Armee* del generale Georg von Kuchler, con l'obiettivo di raggiungere Varsavia da est congiungendosi con la *4.Armee* del generale von

Kluge, che doveva invece attaccare dal confine nord-occidentale della Polonia. Da ovest, attaccava la *10.Armee* del generale von Reichenau, che doveva effettuare un movimento a tenaglia per bloccare il grosso delle forze polacche dislocate ad ovest di Varsavia. I fianchi dell'Armata di von Reichenau sarebbero stati protetti dai reparti dell'*8.Armee* del generale Blaskowitz. Dal confine sud-occidentale, attaccava invece la *14.Armee* del generale List, diretta verso la Vistola, con il compito di tagliare la ritirata alle forze polacche.

Reparti di fanteria tedesca in marcia in territorio polacco, settembre 1939.

Aerei tedeschi sorvolano il territorio polacco, 1939.

La Seconda Guerra Mondiale iniziò il 1° settembre 1939. Alle ore 04:45 precise, i Tedeschi lanciarono le loro truppe in una grandiosa manovra di accerchiamento a tenaglia mostrando al mondo intero l'efficienza della *blitzkrieg*, la guerra lampo, basata sull'impiego di rapidi, possenti e violenti attacchi sferrati da unità motorizzate. Proiettati davanti alle truppe terrestri, gli aerei della *Luftwaffe* svolgevano il loro duplice compito: colpire gli obiettivi a terra e distruggere l'aviazione polacca. Durante i primi due giorni di guerra, gli aeroporti polacchi furono bombardati e gli aerei civili e da addestramento che ancora vi si trovavano, furono gravemente danneggiati.

Bombardieri in picchiata *Stuka* in azione.

Carri tedeschi in Polonia, 1939.

Fanteria tedesca alla periferia di Varsavia.

Duri attacchi aerei furono sferrati anche contro la rete stradale e ferroviaria, nonché contro i principali centri amministrativi ed industriali. La superiorità dell'aviazione tedesca su quella polacca si manifestò fin dal primo giorno di guerra. Il 5 settembre, le forze tedesche avevano già spezzato il cordone di truppe polacche schierate lungo il confine, mentre la *10.Armee* si stava creando, da sud, un varco in direzione di Varsavia. Dal 6 al 10 settembre, i reparti tedeschi continuarono la loro marcia in direzione di Varsavia. La *3.* e la *4.Armee* del Gruppo Armate Nord premevano in direzione della capitale, mentre l'*8.* e la *10.Armee* del Gruppo Armate Sud, puntavano a nord, sempre verso Varsavia e l'area di Radom. L'attacco del 9 settembre, lungo il fiume Bzura, fu l'unica mossa controffensiva attuata dai reparti polacchi in modo vigoroso e su vasta scala. Essi avevano portato il colpo sul centro dello schieramento tedesco che stava svolgendo una limitata azione combattiva, ma i generali Rundstedt e Manstein, facendo compiere alle loro forze una diversione e portando avanti truppe di riserva, impegnarono gli avversari in una difficile battaglia su un fronte ristretto, battendoli severamente. Nel frattempo, altre unità del Gruppo Armate Sud stavano iniziando l'assalto alla capitale polacca.

Truppe motorizzate tedesche in un villaggio polacco.

Mortaio tedesco in azione.

Hitler saluta le sue truppe trionfanti, 1939.

Mentre una parte di esse continuò ad essere impegnata sul fiume Bzura, i corpi corazzati di Guderian avanzarono verso Brest-Litovsk, che fu conquistata il 14 settembre. Dopodiché le forze tedesche si riunirono con le unità corazzate di Kleist provenienti da sud. Il 17 settembre 1939, i reparti dell'armata rossa, secondo gli accordi stipulati nel patto *Ribbentrop-Molotov* dell'agosto precedente, penetrarono a loro volta in Polonia da est, ponendo fine alle ultime speranze polacche. Due giorni dopo, i 100.000 uomini dell'armata di Poznan, si arresero alle truppe del Gruppo Armate Sud. Varsavia resistette altri otto giorni, ma la campagna poteva considerarsi già virtualmente conclusa.

L'impiego dei reparti SS

Durante la campagna di Polonia, i reparti SS parteciparono alle operazioni militari aggregati ad altre formazioni dell'esercito regolare tedesco, per preciso volere delle alte gerarchie militari, che consideravano le formazioni SS ancora come truppe da parata e non ancora pronte per la prima linea.

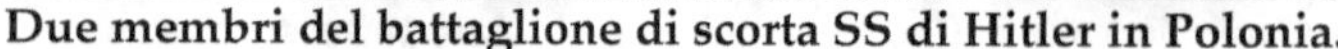

Due membri del battaglione di scorta SS di Hitler in Polonia.

Soldati del *Deutschland*.

L'*SS-Gruf*. Hausser, terzo da sinistra, sul fronte polacco nei pressi di una posizione difensiva del *Deutschland*.

E così, il grosso delle *SS-Verfügungstruppen*(1), il reggimento *Deutschland*, l'*SS-Artillerie Standarte*, il battaglione da ricognizione, il battaglione antiaereo e quello trasmissioni insieme ad un reggimento carri dell'esercito andarono a formare una divisione motorizzata agli ordini del *Generalmajor* Werner Kempf, già comandante della *Panzerbrigade 4*. L'unità denominata *Panzer Division Kempf* (ma conosciuta anche come *Panzerverband 'Ostpreussen'*), rappresentava una formazione sperimentale, creata per verificare la possibilità di dotare le divisioni corazzate di un solo reggimento di fanteria. Lo stesso Ispettore Generale della *SS-Verfügungstruppe*, l'*SS-Gruppenführer* Paul Hausser fu assegnato allo Stato Maggiore della stessa unità. La *Panzer Division Kempf* fu assegnata al *I.Armee-Korps* (Gruppo di Armate Nord). La *SS-Standarte Germania* inizialmente fu posta in riserva, assegnata alla *14.Armee*. La *SS-Standarte Der Führer* non partecipò alla campagna. La *Leibstandarte Adolf Hitler* e l'*SS-Pionieresturmbann* furono assegnati alla *10.Armee*.

Generalmajor Werner Kempf.

SS-Gruppenführer Paul Hausser.

La Panzerverband 'Ostpreussen'

Su ordine dell'*OKH*, lo stato maggiore della *Panzerverband 'Ostpreussen'* fu creato a Stoccarda il 25 luglio 1939, partendo da quello della *Panzerbrigade 4*. Il suo comando fu assegnato al *Generalmajor* Werner Kempf. La sua struttura di comando era la seguente:

Div.-Kdr. : *Generalmajor* Kempf
Ia e *01*: *Oberstleutnant i.G.* von Bernuth
Ib: Hauptmann Billert
02: SS-Obersturmführer Horst Geguns
Ic: SS-Hauptsturmführer Erich Grensing
IVa: Major Mertz
IVb: Oberfeldartz Dr Dalchow

Stato Maggiore di collegamento della *SS-Verfügungstruppe*
SS-Gruppenführer Hausser
SS-Sturmbannführer Ostendorff (*Ia*)
SS-Hauptsturmführer Klingenberg (*IIa*)

Panzer-Regiment 7: Oberst Franz Landgraf
I.Abt.: *Major* von Gersdorff
II.Abt.: *Oberstleutnant* Schmidt

SS-Rgt. 'Deutschland': *SS-Staf.* Felix Steiner
I./SS-D: SS-Sturmbannführer Schuldt
II./SS-D: SS-Ostubaf. Karl Praefcke
III./SS-D: SS-Ostubaf. Kleinheisterkamp

SS-Artillerie-Regiment: SS-Ostubaf. Hansen
I.Abt. : *SS-Sturmbannführer* Gille
II.Abt. : *SS-Sturmbannführer* Priess
III.Abt.: *SS-Stubaf.* Erspenmüller

SS-Nachr.-Abt. : *SS-Sturmbannführer* Weiss
SS-Aufkl.-Abt. : *SS-Sturmbannführer* Brandt
Panzerabwehr-Abt.511: Hauptmann La Roche
Pionier-Btl.505: Hauptmann Düllmann
2./SS-Fla-MG-Abt. : *SS-Haupsturmführer* Fick
Dinafü: SS-Obersturmbannführer Knapp
Sanitäts-Dienste: Oberfeldartz Dr Dalchow

Pur non essendoci molto tempo a disposizione per riuscire ad amalgamare i vari reparti della divisione, provenienti dall'esercito e dalle *SS*-

VT, una certa coesione fu raggiunta grazie al lavoro del generale Kempf e del suo stato maggiore. Il 19 agosto, la *Panzerverband* fu aggregata al *I.Armee-Korps* del generale Walter Petzel, comprendente la *11.* e la *61.Infanterie-Division*. Il Corpo, fu trasferito nel settore di Osterode, poi il 30 agosto, si preparò ad attraversare la frontiera polacca a nord di Mlawa, muovendo dalla linea Mühlen-Seewalde-Thurau-Kownath-Rontzken-Wapliz.

Un *PzKpfw.III* della *Panzer-Division 'Kempf'* in Polonia, settembre 1939.

Note

(1) Le *SS-Verfügungstruppen* (truppe a disposizione del *Führer* per scopi straordinari) furono create prima del 16 marzo 1935, data in cui Hitler aveva ristabilito il servizio militare obbligatorio in Germania. Queste unità a loro volta, nacquero nel settembre del 1934, quando Hitler approvò la trasformazione delle *Politische Bereitschaften* (distaccamenti politici) nelle *SS-Verfügunstruppen* o *SS-VT*. Da questi distaccamenti politici di emergenza, vennero formati prima i battaglioni (*Sturmbann*) e poi, i reggimenti (*Standarte*) delle *SS-Verfügungstruppen*. La SS-VT doveva infatti comprendere tre reggimenti, simili nell'organizzazione a quelli dell'esercito tedesco, ciascuno comprendente tre battaglioni, una compagnia motociclisti ed una compagnia mortai. L'esistenza delle *SS-Verfügungstruppen* fu resa pubblica il 16 marzo 1935 da Hitler in persona, durante un discorso al *Reichstag*. Le SS-VT dipendevano però dall'esercito tedesco per le armi, l'equipaggiamento e l'addestramento, nonché per l'assegnazione delle nuove reclute. I vertici dell'esercito non avevano gradito la creazione di questa nuova forza armata di natura 'politica', soprattutto perché essa restava indipendente dai loro alti comandi e giurava fedeltà esclusivamente ad Hitler. Per tale ragione, la sua integrazione nel sistema militare tedesco fu molto lenta e la stessa formazione dei reparti combattenti SS passò in secondo piano rispetto alla ristrutturazione della *Wehrmacht*. Nel 1936, Himmler nominò Paul Hausser ispettore delle *SS-VT* con il grado di *Brigadeführer*. Hausser si impegnò subito nel trasformare le *SS-VT* in una vera forza militare, grazie alla sua grande esperienza maturata nell'esercito. A partire dal 1937, le SS furono divise in tre branche: le *Allgemeine SS* (le SS generali), le *SS-Verfügungstruppen* e le *SS-Totenkopfverbände* (SS-TV) per l'amministrazione dei campi di concentramento. Il 17 agosto 1938, Hitler decretò che le formazioni militari SS non facevano parte né della Polizia né della *Wehrmacht*, ma erano a disposizione del *Führer*. Solo in caso di guerra, le *SS-VT* sarebbero state poste a disposizione dell'esercito.

Morire per Danzica

La rivendicazione di Danzica da parte dei Tedeschi, fu la scintilla che fece scoppiare la Seconda Guerra Mondiale. L'attuale Gdansk, contesa tra Germania e Polonia, era per Hitler una città tedesca, considerando che nel 1939, il 96% degli abitanti di Danzica, era di origine germanica. Anche la storia dava ragione al *Führer*: la città era appartenuta all'Ordine Teutonico dal 1309 al 1454 e dopo una breve inclusione nel regno polacco, era stata nuovamente inclusa entro i confini della Prussia. La questione 'Danzica' nacque subito dopo la Prima Guerra Mondiale, quando i governanti del risorto stato polacco, pretesero dalle potenze occidentali vincitrici, uno sbocco sul Mar Baltico, ottenendo di potersi servire proprio del porto di Danzica, oltre ad avere un corridoio di territorio verso il mare, un corridoio di terra che divise fisicamente la Prussia orientale dal resto della Germania. Un assurdo storico, geografico e politico.

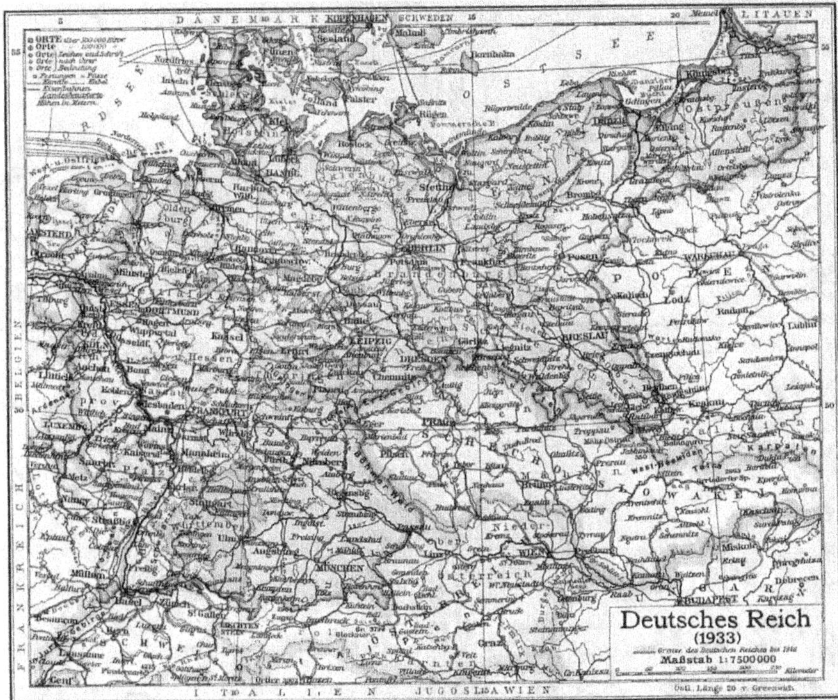

Mappa della Germania nel 1933, con il corridoio polacco.

Frontiera 1939.

Una veduta di Danzica con i suoi canali, 1939.

Il trattato di Versailles complicò maggiormente le cose, stabilendo per la città uno stato giuridico estremamente ambiguo: Danzica ed il suo territorio furono proclamati una *'città libera'*, sotto l'egida della Società delle Nazioni. Naturalmente la lingua ufficiale continuò ad essere il Tedesco, la valuta corrente il Marco, così come tedesche restarono la maggior parte delle strutture dirigenti e governative. Il governo era retto da un Senato elettivo ed inoltre la città doveva essere completamente smilitarizzata. Per oltre una decina di anni, i rapporti tra Danzica e lo Stato polacco restarono formalmente corretti, fino a quando in Germania non salì al potere Adolf Hitler, che naturalmente reclamò il ritorno della città al grande *Reich*. Nel corso degli anni successivi, Danzica si trasformò quindi in una cittadella nazionalsocialista. La prima unità della *SA* a Danzica venne formata già nel marzo del 1926. Questa prima formazione nazionalsocialista restò abbastanza isolata, essendo scarsa la collaborazione con le altre milizie locali.

Il corridoio e il territorio libero di Danzica in una cartolina postale.

Arthur Greiser.

Giovani della *Hitlerjugend* sfilano per Danzica, 1938.

Tra il 1931 ed il 1932, gli scontri delle Squadre d'Assalto con i comunisti ed i socialdemocratici locali divennero frequenti, ma non furono mai utilizzate armi da fuoco, solo coltelli ed altre armi bianche improvvisate. Nel 1935, il presidente del Senato Arthur Greiser, un fervente nazionalsocialista, iniziò a promulgare leggi per limitare le competenze della Società delle Nazioni ed incentivò la costruzione di numerose opere militari. Contemporaneamente, a partire dal 1938, i Tedeschi fecero affluire nella città numerosi volontari mascherati da turisti, che furono subito inquadrati in nuove formazioni militari. Nel gennaio del 1939, il parlamento della città ed Hitler in persona, chiesero ufficialmente la restituzione di Danzica alla Germania e l'autorizzazione a costruire un'autostrada nel corridoio polacco per collegare il *Reich* con la Prussia orientale. La Polonia naturalmente si oppose, dichiarandosi però disposta a *'discutere altri mezzi per facilitare il traffico ferroviario e stradale attraverso il corridoio'*. La risposta polacca fece cadere ogni altra possibilità di risoluzione diplomatica al problema e da quel momento i generali tedeschi furono autorizzati da Hitler in persona a preparare i piani per l'invasione della Polonia, il piano bianco (*Fall Weiss*).

A sinistra, una squadra anticarro dell'*SS-Heimwehr Danzig* e a destra un graduato dell'unità.

Il 18 agosto 1939: il *Gauleiter* Albert Forster consegna lo stendardo ufficiale dell'*SS-Heimwehr Danzig* al suo comandante, l'*SS-Ostubaf.* Götze.

L'SS-Heimwehr Danzig

Nell'ottobre del 1938, fu costituito a Berlino il III° Battaglione della *SS-Totenkopfdstandarte 4 Ostmark,* agli ordini dell'*SS-Obersturmbannführer* Hans-Freidemann Götze(1). Himmler decise che questa unità doveva servire da nucleo per una forza di difesa locale a Danzica. Nel giugno del 1939, il Senato della libera città di Danzica votò per creare una forza di difesa cittadina (*Heimwehr*) ed Himmler ne caldeggiò la formazione, fornendo segretamente volontari provenienti dalle formazioni SS: l'intero III° Battaglione di Götze, insieme alla *SS-Totenkopf-PanzerAbwehr-Ersatz-Sturm,* la compagnia addestramento anticarro delle *Totenkopfstandarte*. I soldati SS giunsero nella città mascherati da turisti per non allarmare le spie alleate e soprattutto le autorità polacche. Rinforzata da cinquecento volontari reclutati nella stessa Danzica, la *Heimwehr Danzig* fu inquadrata ufficialmente come formazione SS con circa 1.550 uomini e posta agli ordini dello stesso Götze, promosso alla vigilia della guerra al grado di *Standartenführer*.

18 Agosto 1939: il *Gauleiter* Albert Forster passa in rassegna i reparti dell'*SS-Heimwehr Danzig*. Alla sua destra, l'*SS-Ostubaf.* Hans-Freidemann Götze.

Un soldato dell'*SS-Heimwehr Danzig*.

L'unità fu strutturata come un battaglione di fanteria rinforzato, con quattro compagnie fucilieri, una compagnia mitragliatrici, una di artiglieria, due compagnie anticarro, un plotone pionieri, uno comunicazioni e una compagnia trasporti, con i seguenti comandanti:

Kommandeur: *SS-Ostubaf.* Götze.
StabsKompanie: *SS-Ostubaf.* Götze
Adjutant: *SS-Ostuf.* Westermann
Chef d. Stab: *SS-Hstuf.* Sparmann
I.Schützenkompanie: *SS-Hstuf.* Karl Thier
II.Sch.Kp.: *SS-Ostuf.* Willy Bredemeier
III.Sch.Kp.: *SS-Hstuf.* Georg Braun

Soldati dell'*SS-Heimwehr-Danzig* in addestramento con un mortaio leggero, agosto 1939.

Il *Generalmajor* Friedrich Georg Eberhardt.

Membri della Polizia di Danzica in azione.

IV.Sch.Kp.: *SS-Hstuf.* Erich Urbanitz
V.Sch.Kp.: *SS-Hstuf.* Otto Baier
13.Inf.Gesch.Kp.: *SS-Hstuf.* Schulz
14.Pz.Abw.Kp.: *SS-HStuf.* Josef Steiner
15.Pz.Abw.Kp.: *SS-Ostuf.* Otto Leiner

Kdr Pi.Zug: *SS-Ustuf.* Knaack
Kdr Nach.Zug: *SS-Ustuf.* Stieglitz
Kdr Trans.Kp.: *SS-Ostuf.* Schneider
Ufficiali medici: *SS-Hstuf.* Dr Kamholz, *SS-Hstuf.* Dr Wertschitzsky

Il Gruppe Eberhardt

Nel giugno del 1939, sempre a Danzica, era stata formata un'altra unità SS, la *SS-Wachsturmbann 'Eimann'*, agli ordini dell'*SS-Stubaf.* Kurt Eimann. Questa formazione doveva servire da riserva armata per la *Danzinger SS-Standarte 36*, ma fu anche utilizzata nei territori del corridoio polacco per convincere i *volksdeutschen* ad arruolarsi nelle *Allgemeine-SS*, nelle *Totenkopfverbände* e nella stessa *Heimwehr Danzig*. Alla vigilia della guerra, le unità SS e della polizia tedesca a Danzica furono raggruppate nel *Gruppe Eberhardt*, agli ordini del *Major-General* Friedrich Georg Eberhardt, capo della Polizia di Danzica.

Gruppe Eberhardt
Landespolizei Regiment
Kustenschütz der Danziger Polizei
SS-Heimwehr Danzig
SS-Wachsturmbann Eimann

Inizia l'attacco

Alle 04:45 del 1° settembre 1939, le forze tedesche attaccarono, iniziando la Seconda Guerra Mondiale. La guerra però, era già iniziata una mezzora prima a Danzica, esattamente alle 4:17, quando i membri della *SS-Heimwehr Danzig*, dopo aver ricevuto la parola in codice *'DORA'*, insieme ad altri reparti tedeschi, circondarono l'ufficio postale polacco, chiedendone la resa. Gli impiegati postali, tutti armati e già allertati a qualsiasi evenienza, risposero sparando.

Una autoblindo *ADGZ* dell'*SS-Heimwehr Danzig*, seguita da alcuni membri dell'unità si avvia verso la zona dell'ufficio postale polacco a Danzica, 1° settembre 1939.

La *Schleswig-Holstein* apre il fuoco contro la *Westerplatte*.

Nello stesso tempo, nel porto della città, la corazzata tedesca *Schleswig-Holstein*, aprì il fuoco contro le fortificazioni portuali e soprattutto contro la *Westerplatte*, una vecchia fortezza a nord di Danzica, nonché deposito di munizioni presidiato da forze polacche. "*Danzica è in mano tedesca, è tornata a far parte del Terzo Reich*", proclamò alla radio, il *Gauleiter* Albert Forster.

Nello stesso momento, la *5.Kp./SS-Heimwehr Danzig*, agli ordini dell'*SS-Hstuf*. Baier, fu impegnata a Dirschau, nella conquista di un ponte sul fiume Vistola.

L'assalto contro l'ufficio postale polacco

Soldati e poliziotti tedeschi nei pressi dell'ufficio postale.

Soldati tedeschi durante l'attacco all'ufficio postale.

Soldati dell'*SS-Heimwehr Danzig* riparati dietro una autoblindo *ADGZ* durante l'attacco contro l'ufficio postale.

L'ufficio postale polacco a Danzica era stato creato nel 1919, in base al trattato di Versailles. I suoi edifici dovevano essere considerati come proprietà extraterritoriali polacche. Nel 1930, l'edificio '*Gdansk 1*' sulla *Helvetiusplatz* nella vecchia città, divenne il principale ufficio postale polacco, con una linea telefonica diretta con la Polonia. Nel 1939, prestavano servizio nell'ufficio circa cento impiegati. Molti di essi facevano parte di organizzazioni paramilitari polacche, ed erano responsabili della sicurezza del personale. Quando i rapporti con la Germania iniziarono a farsi tesi, l'alto comando polacco trasferì nell'ufficio un ufficiale della riserva, Konrad Guderski, incaricandolo di organizzare le difese intorno agli edifici polacchi. Alle 4:00 del 1° settembre 1939, i Tedeschi tagliarono le linee telefoniche ed elettriche degli edifici dell'ufficio polacco. Quando la corazzata Schleswig-Holstein iniziò a sparare i primi colpi, iniziò anche l'assalto all'ufficio postale. Le unità tedesche impegnate nell'attacco comprendevano unità speciali della Polizia di Danzica e le unità SS, come l'*SS-Heimwehr Danzig* e la *Wachsturmbann 'E'*. I reparti dell'*SS-Heimwehr Danzig* poterono contarono sull'appoggio di alcune autoblindo austriache *ADGZ*, sulle quali avevano dipinto il teschio e le doppie rune. Inoltre, ciascun mezzo era stato battezzato con nomi di province tedesche, come ad esempio *Ostmark* e *Sudentenland*. Le operazioni sul campo furono guidate dal colonnello della Polizia tedesca Willi Bethke. Il primo assalto tedesco, lanciato frontalmente, fu respinto. I Tedeschi tentarono di forzare l'entrata principale dell'edificio senza successo.

Autoblindo e membri dell'*SS-Heimwehr Danzig* impegnati nell'attacco contro l'ufficio postale.

L'ingresso dell'ufficio postale polacco distrutto.

Un secondo attacco portato sui fianchi, fu nuovamente respinto, ma durante questo secondo scontro a fuoco, rimase ucciso il comandante polacco, Konrad Guderski. Verso le 11:00, i Tedeschi fecero arrivare sul posto due pezzi di artiglieria da 75mm, che presero subito a colpire le difese polacche. Tuttavia, malgrado il supporto dell'artiglieria, un nuovo assalto fu ancora respinto. Verso le 15:00, i Tedeschi annunciarono due ore di tregua, chiedendo contemporaneamente alle forze polacche di arrendersi. Ricevuta risposta negativa dai Polacchi, ripresero gli assalti, mentre giunsero sul posto un altro pezzo di artiglieria da 105mm ed un'unità del genio, che iniziò a disporre cariche esplosive intorno all'edificio. Verso le 17:00, una carica di circa seicento chilogrammi di esplosivo venne fatta brillare, facendo crollare parte del muro intorno all'ufficio postale. Subito dopo, entrarono in azione anche alcuni pionieri tedeschi con i lanciafiamme e fu a quel punto che i Polacchi alzarono bandiera bianca.

Il momento finale dell'attacco e l'esplosione.

I difensori dell'ufficio postale polacco catturati alla fine della battaglia, scortati da membri dell'*SS-Heimwehr Danzig*.

L'entrata del porto di Danzica in una foto del 1939. Sulla destra, la penisola della *Westerplatte*.

Membri della *Marinestosstruppkompanie* a bordo.

L'attacco alla Westerplatte

La fortezza della *Westerplatte* era stata assegnata ai Polacchi per garantire e salvaguardare i loro interessi nel porto di Danzica. Nel 1925, la Società delle Nazioni autorizzò la Polonia a mantenere nella fortezza una guarnigione di 88 soldati. Nel 1939, il loro numero salì a circa 182 unità. L'armamento pesante comprendeva un pezzo da artiglieria da 75mm, due pezzi anticarro da 37mm, quattro mortai ed alcune mitragliatrici di medio calibro. Non c'erano vere e proprie fortificazioni, solo alcuni bunker nascosti nella foresta dell'isola. La guarnigione polacca era separata da Danzica da un canale portuale e collegata con la terraferma solo da una stretta banchina. Al comando della guarnigione c'era il maggiore Henryk Sucharski, al quale subentrò il 2 settembre, il capitano Franciszek Dabrowski. Il 25 agosto 1939, la corazzata tedesca *Schleswig-Holstein* giunse a Danzica ufficialmente per una visita di cortesia. Gettò l'ancora nel canale a destra della *Westerplatte*. Durante la sua permanenza nelle acque di Danzica, la guarnigione polacca della *Westerplatte* fu in allerta ventiquattro ore al giorno. A bordo della nave, ben nascosta sotto coperta, c'era infatti un'intera compagnia d'assalto di fanteria navale, comprendente 225 uomini, la *Marinestosstruppkompanie* agli ordini dell'*Oberleutnant* Wilhelm Henningsen.

Gustav Kleikamp.

La *Schleswig-Holstein* apre il fuoco contro la *Westerplatte*.

La *Westerplatte* sotto il fuoco tedesco.

Soldati tedeschi durante l'attacco alla penisola.

Alle 4:45 del 1° settembre 1939, il comandante della corazzata tedesca, il *Kapitän zur See* Gustav Kleikamp, ordinò di aprire il fuoco contro la guarnigione polacca, con i suoi diciotto cannoni di calibro variabile tra gli 88 e i 280 mm. Il bombardamento della piccola penisola durò circa per un'ora. Quando i cannoni cessarono il fuoco, iniziò l'attacco da terra, portato dalla compagnia navale d'assalto di Henningsen e dai reparti dell'*SS-Heimwehr Danzig*, giunti sul posto. I soldati polacchi, attestati lungo le mura perimetrali della fortezza risposero con il fuoco delle loro mitragliatrici e dei loro mortai, arrecando gravi perdite agli attaccanti. Le forze tedesche ritornarono ad attaccare altre volte durante la giornata, subendo perdite e senza nessun risultato concreto. Il 2 settembre, fu avvistata una bandiera bianca sulla *Westerplatte*, ma si trattò solo di una trappola ordita dai polacchi: infatti, quando i soldati tedeschi tentarono di avvicinarsi alla guarnigione, finirono nuovamente sotto il fuoco nemico, lamentando ulteriori perdite. Per tutto il resto della giornata, la fortezza fu sottoposta ad un nuovo massiccio bombardamento da parte dell'artiglieria navale e per la prima volta anche da parte dei bombardieri in picchiata *Stukas*. Un *bunker* con all'interno sette soldati polacchi e una mitragliatrice, saltò completamente in aria. Durante la successiva notte del 3 settembre, furono tentati senza successo, due nuovi assalti da parte dei fanti della marina.

Soldati tedeschi durante l'attacco alla guarnigione polacca.

***Stukas* all'attacco in Polonia.**

Soldati tedeschi sulla penisola *Westerplatte*.

Tra il 4 ed il 5 settembre, continuarono i bombardamenti dell'artiglieria e gli attacchi dal cielo da parte degli *Stukas*. I Polacchi ormai allo stremo, senza acqua, senza rifornimenti di alcun genere e consapevoli che non sarebbe arrivato mai nessuno a liberarli, decisero tuttavia di continuare a resistere. Oltre alle batterie navali, presero parte al cannoneggiamento, una batteria di cannoni da 88 mm dislocata a Heubude, due cacciatorpediniere ancorate a Brosen, due batterie di mortai da 210mm ed una batteria costiera a Glettkau. I bombardamenti continuarono anche nella mattinata del 6 settembre, mentre nel pomeriggio ripresero gli attacchi da terra, ancora una volta respinti. All'alba del 7 settembre, i Tedeschi attaccarono ancora da terra: gli stremati soldati polacchi, senza più speranza, quasi tutti feriti, decisero finalmente di arrendersi. Dopo sette giorni di combattimenti incessanti, tutte le posizioni difensive polacche sulla penisola della *Westerplatte* furono conquistate. Solo i reparti dell'*SS-Heimwehr Danzig*, lamentarono la perdita di una cinquantina di uomini, tra caduti e feriti.

Reparti dell'*SS-Heimwehr Danzig* sulla *Oxhofter Kampe*.

Impiego in altri settori

Conquistata Danzica, i reparti dell'*SS-Heimwehr Danzig* continuarono ad essere impegnati lungo la costa a nord-ovest della città, in collaborazione con i reparti dell'esercito, nell'annientare le sacche di resistenza polacche. A partire dall'8 settembre 1939, alcune compagnie furono impegnate duramente in combattimenti lungo la zona costiera conosciuta come *Oxhofter Kampe*, dove erano installate diverse fortificazioni polacche. Gli scontri in questa area durarono fino al 19 settembre. Subito dopo, tutta l'unità fu impegnata nell'occupazione della città-porto di Gdynia, sedici chilometri a nord-ovest di Danzica.

Un reparto anticarro dell'*SS-Heimwehr Danzig* impegnato nella campagna polacca, 1939.

Soldati SS a Gotenhafen (*Gdynia*).

Anche qui, i reparti tedeschi incontrarono una forte resistenza da parte delle truppe polacche. In questo periodo, l'*SS-Heimwehr Danzig* fu posta alle dipendenze della divisione di difesa locale della Pomerania, agli ordini dell'*Oberst* Graf von Rittberg. Nei bollettini di guerra l'unità SS venne infatti menzionata come il '*Bataillon Rittberg*' e questo mandò su tutte le furie Himmler, in perenne contrasto con gli alti comandi dell'esercito tedesco. I reparti dell'*SS-Heimwehr Danzig* fino al termine della campagna di Polonia continuarono ad operare in Pomerania e nel 'corridoio polacco', dove furono impegnati principalmente in operazioni di rastrellamento per stanare gli ultimi gruppi di soldati polacchi, che ancora resistevano ed eliminare i franchi tiratori.

Soldati dell'*SS-Heimwehr Danzig* con due franchi tiratori polacchi, settembre 1939.

Soldati dell'*SS-Heimwehr Danzig* a Gotenhafen, 1939.

Terminata la campagna di Polonia, la *SS-Heimwehr Danzig* fu disciolta e i suoi elementi furono inquadrati nella nuova divisione SS '*Totenkopf*'. In particolare, i veterani dell'*Heimwehr* furono inquadrati principalmente nel reggimento di artiglieria e nell'*SS-Totenkopf-Infanterie Regiment 3 (mot.)*, posto agli ordini dello stesso *SS-Staf.* Götze.

Il *Reichsführer-SS* Heinrich Himmler ispeziona i reparti dell'*SS-Heimwehr Danzig* a Gotenhafen, settembre 1939.

L'impiego delle altre unità Totenkopf

All'inizio di settembre 1939, la *SS-Totenkopfstandarte 'OberBayern'*, agli ordini dell'*SS-Ostubaf.* Max Simon[(2)], *'Brandenburg'* , agli ordini dell'*SS-Staf.* Paul Nostitz[(3)] e *'Thuringen'*, agli ordini dell'*SS-Stubaf.* Heimo Hierthes[(4)], lasciarono i loro acquartieramenti di Dachau, Sachsenhausen e Buchenwald, per essere impegnate in Polonia. Il *Führer* in persona aveva ordinato il dispiegamento dei tre reggimenti *Totenkopf* nelle retrovie del fronte polacco, per impegnarli in azioni di polizia e di sicurezza. Il loro impiego militare non fu decisivo per la vittoria tedesca, ma sul piano politico-militare fu importante per la loro definitiva consacrazione come unità combattenti. Le unità *Totenkopf* furono impegnate in azioni di rastrellamento in territorio polacco, nell'annientare le unità sbandate nemiche e terrorizzare la popolazione civile. Le *SS-Totenkopfstandarten 'OberBayern'* e *'Thuringen'*, furono trasferite nelle retrovie della zona operativa della 10ª Armata tedesca, operando tra la Slesia settentrionale ed il fiume Vistola, a sud di Varsavia. La *SS-Totenkopfstandarte 'Brandenburg'* seguì invece l'8ª Armata del generale Blaskowitz, operando nell'area di Poznan e la Polonia centro-occidentale. Theodor Eicke non seguì personalmente i suoi reparti sul campo, ma li diresse dal treno speciale di Hitler (*Führersonderzug*) con la funzione di *Höhere SS und Polizei Führer* (*HSSuPF*), alto comandante della Polizia e delle SS per le regioni conquistate dall'*8.Armee* e dalla *10.Armee*.

Note

(1) Hans-Friedemann Götze, nacque il 3 novembre 1897 a Rendsburg nello Schleswig-Holstein, SS-Nr. 281 771. Tra il Dicembre 1937 ed il Marzo 1938 fu impegnato come ufficiale istruttore alla *SS-Junkerschule Bad Tölz*. Il 1° settembre 1939 fu promosso al grado di *SS-Standartenführer*.

(2) Max Simon, nacque il 6 gennaio 1899 a Breslau, SS-Nr. 83 086. Durante la Grande Guerra, partecipò, come soldato semplice ai combattimenti in Macedonia, e successivamente combatté sul fronte occidentale, dove fu decorato con la Croce di Ferro di Seconda Classe. Al termine della guerra, nel 1919, entrò nei *Freikorps* della Slesia. La sua unità fu successivamente incorporata nella *Reichswehr* come 16° reggimento di cavalleria e Simon fu promosso *Unterfeldwebel*. Nel maggio 1933 entrò nelle SS e fu assegnato alla *SS-Standarte 47* a Gera. Nel novembre 1934, fu promosso *Untersturmführer*. Nel 1935 entrò nella *SS-Totenkopfstandarte Oberbajern*. Nel 1937, con il grado di *SS-Stubaf.*, ottenne il comando del *I./Sta. 'Oberbayern'*.

(3) Paul Nostitz, nacque il 25 marzo 1892 a Lyck, in Prussia Orientale, SS-Nr. 32 617. In precedenza aveva servito come *Stabsführer des SS-Abschnitt XXIX*, al comando della *SS-Standarte 35* a Kassel e della *SS-Totenkopfstandarte 'Thüringen'*.

(4) Heimo Hierthes, nato il 25 luglio 1897 a Neubeurg a.d. Donau, SS-Nr. 282 042.

L'impiego della Leibstandarte Adolf Hitler

Mentre soffiavano i venti di guerra e le diplomazie erano al lavoro per tentare di calmarli, la *Leibstandarte Adolf Hitler* riorganizzò i suoi reparti, nel corso di quella 'calda' estate del 1939. Alla fine di giugno, si verificarono nuovi cambi di comando grazie all'arrivo di ufficiali provenienti da altre unità delle *SS-VT*. L'*SS-Staf.* Wilhelm Bittrich(1) fu nominato *Oberst beim Stabe*, l'*SS-Ostubaf.* Carl Reichsritter von Oberkamp(2) passò al comando del *II./LSSAH*. Nello stesso battaglione, al comando della *7.Kompanie* subentrò l'*SS-Ostuf.* Otto Baum(3) e della *9.Kp.* l'*SS-Ostuf.* Hans Bissinger(4).

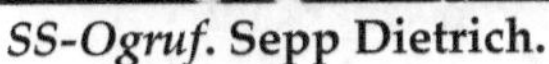

SS-Ogruf. **Sepp Dietrich.**

SS-Hstuf. **Wilhelm Bittrich.**

SS-Ustuf. **Otto Baum.**

Reparti della *Leibstandarte* in marcia.

Le principali novità riguardo alle armi ed all'equipaggiamento, interessarono le compagnie pesanti, che oltre alle mitragliatrici furono dotate anche di un plotone mortai, comprendente sei mortai medi (*m.Gr.W.34*) da 81mm. Il 25 agosto, il reggimento fu messo in allerta, per l'imminente campagna contro la Polonia: alle 4:00 si mise in marcia in direzione di Hunsfeld, passando per Luckau, Trebnitz, Breslau, Kunesdorf, Weigelsdorf e Wildschütz. Il 26 agosto, fu ordinata ed avviata la formazione di un battaglione di deposito per la *Leibstandarte*, l'*Ersatz-Bataillon LSSAH*, per poter fornire i rimpiazzi per le eventuali perdite subite dall'unità in combattimento. Il nuovo reparto fu posto agli ordini dell'*SS-Ostubaf.* Heinz Bertling(5). Alla vigilia della campagna di Polonia, l'ordine di battaglia della *Leibstandarte* era il seguente:

Soldati della *Leibstandarte* schierati.

Soldati SS si addestrano al tiro.

Rgt.-Kdr.: SS-Obergruppenführer Dietrich
Oberst beim Stabe: SS-Standartenführer Bittrich
Adjutant: SS-Hauptsturmführer Collani
Quartiermeister: SS-Hauptsturmführer Ewert
Ordonnanz-Offizier: SS-Untersturmführer Maas
Verwaltungs-Offizier: SS-Ostubaf. Clemens, poi *SS-Hstuf.* Bludau
Rgt.-Arzt: SS-Hauptsturmführer Dr Wille
Rgt.-Ingenieur: SS-Hauptsturmführer Scheide
Rgt.-Nachr.-Zug: SS-Obersturmführer Keilhaus
Rgt.-Kradmelde-Zug: SS-Ostuf. Georg Sandkühler
Musik-Zug: SS-Hauptsturmführer Müller-John

I.Btl.-Kdr. : SS-Obersturmbannführer Kohlroser
Adjutant: SS-Ustuf. Walter Malinowski
Ord.-Offz. : SS-Untersturmführer Janssen
Verw.-Offz. : SS-Hauptsturmführer Wittesch
Abt.-Arzt: SS-Hauptsturmführer Dr Schulz
TFK: SS-Hauptsturmführer Gross
TFW: SS-Hstuf. Schröter, poi *SS-Ustuf.* Schürer
1.Kp.: SS-Hauptsturmführer Wisch
2.Kp.: SS-Hstuf. Ernst Meyer-Andresen
3.Kp.: SS-Ostuf. Fischer, poi *SS-Ostuf.* Wichmann
4.(MG)Kp.: SS-Hauptsturmführer Bestmann

II.Btl.-Kdr. : SS-Ostubaf. von Oberkamp
Adjutant: SS-Obersturmführer Klingemeier
Verw.-Offz. : SS-Hauptsturmführer Bludau
Abt.-Arzt: SS-Hauptsturmführer Dr Rick
TFK: SS-Obersturmführer Stoltz
TFW: SS-Hauptsturmführer Nowak
5.Kp. : SS-Hauptsturmführer Mohnke
6.Kp. : SS-Hauptsturmführer Rudolf Lange
7.Kp. : SS-Hauptsturmführer Baum
8.(MG)Kp. : SS-Stuf. Otto Dieterichs, poi *SS-Hstuf.* August Dieterichs
III.Btl.-Kdr. : SS-Ostubaf. Trabandt
Adjutant: SS-Obersturmführer von Stein
Ord.-Offz. : SS-Untersturmführer Bremer
Verw.-Offz. : SS-Hauptsturmführer Sucker
Abt.-Arzt: SS-Hauptsturmführer Dr Jatzlauk
TFK: SS-Obersturmführer Stoltz
9.Kp. : SS-Hauptsturmführer Hans Bissinger
10.Kp. : SS-Hauptsturmführer Polewacz
11.Kp. : SS-Hauptsturmführer Marks

Soldati della *Leibstandarte* in addestramento.

Reparti della *Leibstandarte* in marcia, agosto 1939.

12.(MG)Kp. : SS-Hstuf. Garthe

13.(IG)Kp. : SS-Hauptsturmführer Mallé
14.(Pz.Jg.)Kp. : SS-Hstuf. Meyer
15.(Kradsch.)Kp. : SS-Hstuf. Hofmann
Panzerspäh-Zug: SS-Ostuf. Schönberger
Pionier-Zug: SS-Ostuf. Hansen
Leichte-Inf.-Kol. : SS-Ostuf. Siebken

Ordini per la Leibstandarte

Nel tardo pomeriggio del 25 agosto 1939, i reparti SS giunsero ad est di Breslau, dove furono posti alle dipendenze del *XIII.Armee-Korps* del *General der Kavallerie* Maximilian Reichsfreiherr von Weichs: questi ordinò il loro trasferimento nel settore Glausche – Kunzendorf – Schönau - Essdorf e nelle foreste a sud di Bernstadt. L'inizio dell'offensiva era stato previsto per il giorno dopo alle 4:30. A tal scopo, alla *Leibstandarte* era stato aggregato il *II./Art.Rgt.46* (*Major* Krix), per fornire un appoggio di artiglieria. Alle 22:00 i reparti si misero in marcia, ma giunti a metà strada, verso mezzanotte, giunse l'ordine di fermarsi, l'offensiva era stata rimandata di qualche giorno in attesa di possibili sviluppi diplomatici. Il 26, verso mezzogiorno, giunse un nuovo ordine di trasferimento nel settore Namslau – Pangau – Bernstadt – Prietzen – Windisch - Marchwitz, a causa del mancato arrivo dei reparti della *30.Infanterie-Division* nella zona di raggruppamento della *8.Armee.* La *Leibstandarte* si mise in marcia suddividendo i reparti in quattro gruppi. Per l'inizio dell'offensiva era stato nel frattempo chiarito il suo impiego: approfittando della sua mobilità, essendo un'unità motorizzata, doveva portarsi nel settore ad est di Kronstadt(6): da qui, doveva avanzare sulla linea Droschkau-Trembatschau e conquistare successivamente la città di Wieruszow, primo vero obiettivo dell'attacco. Il Reggimento SS doveva proseguire poi verso Zdunska Wola, assicurare e difendere i passaggi sul fiume Warta (Warthe in tedesco) stabilendo una testa di ponte sulla linea Monice - Kol.Podlezice - Mecke Wola – Mnichow – Chalupia - Mala. Malgrado fosse motorizzata e si puntasse molto sulla sua mobilità, alla *Leibstandarte* fu comunque assegnato un percorso 'sabbioso', mentre l'unica strada veramente percorribile nel settore fu assegnata ai reparti della *17.Inf.Div.* Dopo quattro giorni di attesa, il 31 agosto, giunse finalmente l'ordine di marcia: verso le 19:00, l'avanguardia della *Leibstandarte* iniziò a muovere verso la frontiera polacca.

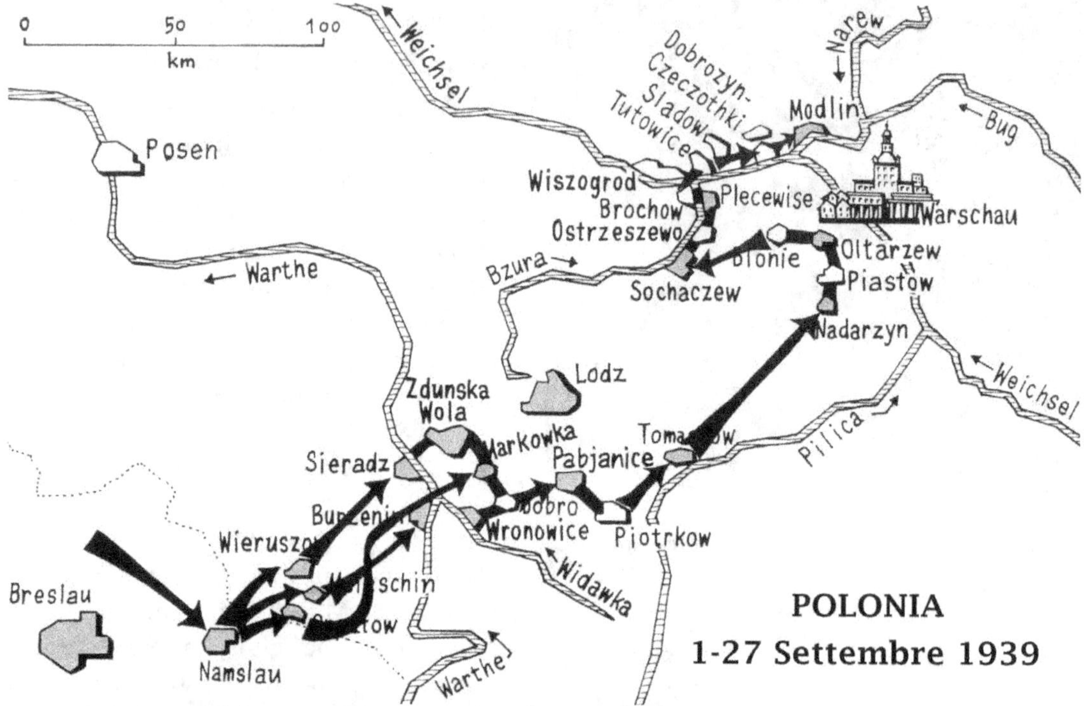

Movimenti dei reparti della *Leibstandarte* tra il 1 ed il 27 settembre 1939 in Polonia.

Autoblindo tedesche avanzano in territorio polacco.

La sua zona di raggruppamento, nel settore di Alteichen, fu raggiunta nel corso della notte. Qui, giunsero ulteriori dettagli sulla sua missione: i reparti di Sepp Dietrich dovevano conquistare un ponte a Gola, con un attacco a sorpresa e proseguendo, si dovevano aprire dei passaggi sul fiume Prosna a Boleslawice, Wieruszow e Weglewice. Una volta conquistati questi ponti, i reparti SS dovevano attendere le avanguardie della *10.Infanterie-Division* e della *17.Infanterie-Division.*

Un *Sd.Kfz.221* della *Leibstandarte* in Polonia, 1939.

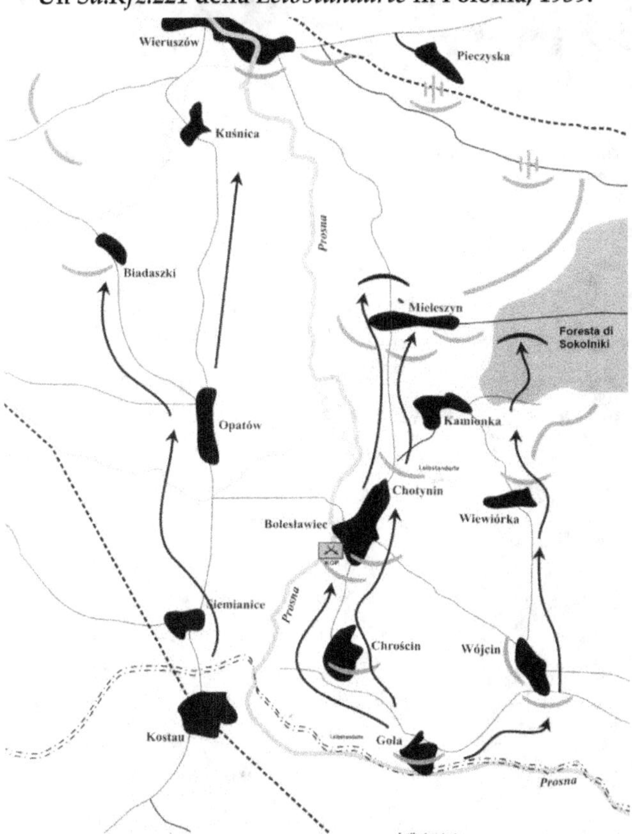

Movimenti della *Leibstandarte* tra il 1 e il 2 settembre.

Primi scontri

La Seconda Guerra Mondiale ebbe inizio il 1° settembre 1939. Alle 04:45, la *Leibstandarte* ingaggiò subito battaglia: un cannone di fanteria della *13.(IG)Kp./LSSAH* aprì il fuoco contro il posto doganale polacco mentre un reparto d'assalto, comprendente autoblindo, un plotone motociclisti ed un plotone della *9.Kp./LSSAH,* conquistò con un colpo di mano il ponte sul fiume Prosna, nei pressi di Gola.

L'*SS-Ostuf*. Frey[7], *Zugführer* della *9.Kp*., riporta una descrizione di quei primi combattimenti[8]: "*...nella zona polacca, all'imbocco del ponte, c'era un piccolo posto di guardia dove, secondo le testimonianze degli abitanti del luogo, c'era un detonatore elettrico che controllava le cariche esplosive piazzate sotto lo stesso ponte. Nell'attraversarlo, ordinai alla mitragliatrice di sparare contro il posto di guardia per impedire a chiunque di avvicinarsi al detonatore. Un soldato in uniforme fu poi trovato morto nei pressi del posto*". Superato il ponte, i motociclisti proseguirono in direzione dei villaggi di Gola e Chroscin, attraverso le foreste, sotto il pericoloso tiro dei cecchini nemici ben nascosti nella natura.

L'*SS-Uscha.* Bröll, comandante di plotone, riporta la sua testimonianza[9]: "*...Al centro del villaggio, restammo molto sorpresi dall'intensità del fuoco nemico, proveniente da ogni direzione: dalle case, dagli alberi, ovunque c'erano nidi nemici che riuscivamo appena ad individuare. Fu per me una lezione importante sul* *modo di impiegare un plotone all'avanguardia. Fortunatamente in quel momento c'era una grande distanza con le forze della retroguardia, ma in ogni caso fu difficile organizzare i vari elementi dispersi che si erano messi al coperto e mi mettere i veicoli al sicuro".*

Un autoblindo *Sd.Kfz.231* della *Leibstandarte* colpita e abbandonata dal suo equipaggio.

Soldati della *Leibstandarte* in territorio polacco.

Alle 9:20, il villaggio di Boleslawice fu conquistato dopo scontri tra le strade e la perdita di due autoblindo, colpite dai tiri dei pezzi anticarro nemici. Nel frattempo, la *10.Kp./LSSAH,* rinforzata da un plotone di autoblindo e due gruppi di motociclisti, fu schierata sul fianco destro. Il comandante della sua avanguardia, l'*SS-Ostuf.* Hubert Meyer(10), racconta l'avanzata della sua unità: "...*Mentre il grosso del Battaglione proseguiva verso Boleslawez, la* 10.Kompanie *fu impegnata a coprire il fianco destro passando per il villaggio di Wojcin. Il mio plotone formava l'avanguardia della compagnia mentre una pattuglia esploratrice proseguiva ancora più avanti al limite della nostra visuale. Le case lungo il passaggio della Prosna apparivano deserte; si vedevano solo dei polli, eccitati dalle prime esplosioni. Le nostre armi erano pronte a fare fuoco, mentre ci spostavamo su entrambi i lati della strada sabbiosa del villaggio. Pensavamo che i civili fossero dietro le finestre chiuse, pieni di rancore verso di noi. Ci avvicinammo così al secondo villaggio. All'entrata di Wojcin, a circa due chilometri più lontano, la strada si incurvava bruscamente sulla destra. La pattuglia di testa sparì alla nostra vista proprio quando dei tiri partirono dalla borgata. Mi precipitai per portarmi al coperto delle prime case con i miei uomini.*

Un autoblindo *Sd.Kfz.232* della *Leibstandarte* avanza in territorio polacco, settembre 1939.

Esploratori motociclisti tedeschi in Polonia, 1939.

Uno di essi, lo Sturmmann *Herlitze, era steso nel fossato lungo la strada e si lamentava in modo terribile. Gli altri uomini si erano sistemati sulla sinistra della strada, dove non c'erano case, in un campo di patate. Eravamo sorpresi dal fatto che gli spari non cessavano e che non riuscivamo ad individuare da dove provenissero. Ordinai a due dei miei uomini di portare il ferito in una casa mentre io avanzai di qualche casa per farmi un'idea più chiara della situazione. Il fuoco nemico continuava ed una pallottola toccò un muro o una tegola di un tetto: nessuno osava attraversare la strada o solo spostarsi. La nostra avanzata era stata bloccata. Pur deluso, mi concentrai sulla missione e ritrovai la mia calma. Riuscii così a determinare che i tiri provenivano da pistole e fucili imboscati ad un angolo sulla nostra sinistra. Ordinai agli uomini al coperto nel campo di aprire il fuoco contro i tetti, gli alberi e le case situati davanti ad essi per permettere al grosso del plotone di avanzare attraverso i giardini sul retro delle case. Diedi così l'ordine di procedere all'unità di testa. Questa lo fece, ma timidamente: non eravamo più ad una seduta di addestramento.*

Membri della *Obrona Narodowa* in posizione di agguato.

Soldati tedeschi durante un attacco.

Un mortaio appoggia l'assalto dei reparti di fanteria.

Reparti motorizzati tedeschi in Polonia, settembre 1939.

Non mi rimase altro che mettermi alla testa del plotone. In quel momento, il fuoco si fece più intenso, ma dopo aver fatto un balzo in avanti, gli uomini mi seguirono senza discutere. Correndo velocemente, raggiungemmo la strada perpendicolare ed il fuoco cessò. Fu evidente che a sparare fossero dei civili armati. Il maleficio era stato allontanato: avevamo dimostrato che non tutte le pallottole trovavano sempre il loro bersaglio. Herlitze, il nostro camerata ferito, fu trasportato all'ospedale da campo dove morì nel corso della notte a causa della sua ferita alla testa". Su un punto però Meyer si era sbagliato. A sparare non erano stati dei civili armati, ma membri della *Obrona Narodowa* (Difesa Nazionale), una sorta di milizia armata formata con dei 'territoriali'. Gli elementi di testa della *Leibstandarte* continuarono a battersi fino alle 13:00. Sul fianco destro, la *10.Kp./LSSAH* superò il villaggio di Wojcin e continuò ad avanzare verso nord in direzione di Wiewiorka ed i boschi situati ad est di Mieleszyn, mentre sul fianco sinistro, il grosso del *III./LSSAH* attraversò i villaggi di Boleslawice,

Chotynin, Piaski e Kamionka fino a giungere su una linea che andava da Podjaworek fino alla periferia settentrionale di Kamionka. Il battaglione fu bloccato dal fuoco nemico, proveniente dalla alture della foresta di Sokolniki e da Mieleszyn.

Artiglieria tedesca in Polonia, settembre 1939.

Un *PzKpfw I Ausf B* in marcia.

Attacco ad un villaggio polacco con l'appoggio di fuoco di un pezzo anticarro e di un autoblindo, settembre 1939.

Reparti di cavalleria polacca in movimento.

Grazie al preciso ed efficace fuoco di appoggio delle batterie del *II./Art.Rgt.46*, le posizioni nemiche furono conquistate dai reparti SS verso le 15:30. L'avanzata poté così riprendere, portando gli uomini di Dietrich fino alla zona orientale di Wieruszow. Nella serata, una pattuglia fu inviata verso la linea ferroviaria per stabilire il collegamento con i reparti della *17.Infanterie-Division,* in direzione della stessa Wieruszow.

Dalle parole di Kurt Meyer(11), la descrizione del morale degli uomini nel corso di questa prima giornata di guerra(12): "...*L'oscurità che scese nascose le distruzioni della giornata. Era ora visibile il disastro sul campo di battaglia attraverso gli incendi intorno a noi le cui fiamme vive salivano molto in alto nel cielo. L'orizzonte era marcato dai villaggi in fiamme ed una spessa coltre di fumo si agitava al di sopra della terra ferita. Eravamo seduti in silenzio dietro i resti di un muro e guardavamo i resti fumanti di quella che doveva essere una fattoria...*". Tutti gli obiettivi fissati erano stati raggiunti e questo soprattutto a causa delle scarse forze nemiche presenti nel settore. I polacchi avevano schierato solo alcune unità della guardia di frontiera rinforzate dai miliziani della *Obrona Narodowa*. La loro missione era quella di ritardare il più possibile l'avanzata tedesca nell'attesa che giungessero i reparti della 19ª divisione polacca e di una Brigata di cavalleria, impegnate ad est di Wieruszow. Il giorno dopo, la *Leibstandarte* fu trasferita alle dipendenze della *17.Infanterie-Division*, per coprire il fianco destro del Corpo.

Reparti motorizzati della *Leibstandarte* su una strada polacca.

***SS-Hstuf.* Kurt Meyer.**

***SS-Hstuf.* Wilhelm Mohnke.**

Questa volta in avanti passò il *II./LSSAH* dell'*SS-Hstuf.* Wilhelm Mohnke: furono superate di slancio le posizioni di Mieleszyn, Podjaworek e Jaworek, mentre solo nei pressi del villaggio di Parcice, fu necessario battersi per aprirsi la strada. La *6.Kp./LSSAH* passò allora all'avanguardia, ritrovandosi ad affrontare i reparti di cavalleria polacchi che tentavano disperatamente di bloccare l'avanzata dei tedeschi. Verso le 15:00, la compagnia SS riuscì ad arrivare fino all'incrocio di Lyskornia, quindi fu subito inviata una pattuglia esploratrice in direzione di Wilichnowy per stabilire il collegamento con la *117.Inf.Div.* Nello stesso tempo fu stabilito anche il collegamento sulla destra con i reparti della *13.Inf.Div.* Nel tardo pomeriggio si svilupparono nuovi combattimenti intorno ai villaggi di Biala e Biala Rzadowa, la cui conquista fu resa possibile anche grazie al fuoco d'appoggio del *II./Art.Rgt.46*. Il 3 settembre, in testa passò il *I./LSSAH*, con l'ordine di passare per i villaggi di Raczyn, Czarnozyly, Dabrowa Miekka, Stolec e Niechmirow. All'avanguardia c'era la *1.Kp./LSSAH* dell'*SS-Hstuf.* Teddy Wisch, la più prestigiosa compagnia delle SS. In quella giornata del 3 settembre, gli uomini di Wisch dovettero combattere dentro Raczyn per aprirsi la strada, fronteggiando elementi di due reggimenti polacchi. Alla fine tutto il battaglione dovette intervenire per poter ricacciare indietro il nemico.

***SS-Hstuf.* Teddy Wisch.**

Soldati della *Leibstandarte* impegnati in uno scontro a fuoco.

***SS-Ostubaf.* Martin Kohlroser.**

Nel corso dei cruenti combattimenti, la *Leibstandarte* lamentò il primo ufficiale caduto, l'*SS-Ostuf.* Franz Fischer[13], comandante della *3.Kompanie.* L'*SS-Ostubaf.* Kohlroser non perse tempo e lanciò la sua unità all'inseguimento del nemico, tuttavia le strade sabbiose rallentarono notevolmente la marcia dei veicoli. Inoltre, i due ponti nei pressi di Oleśnica erano stati distrutti dai polacchi in fuga e quindi i pionieri dovettero costruire in breve tempo un passaggio di fortuna con i canotti di gomma. Verso le 13:00, il passaggio fu pronto ed i reparti SS lanciarono un attacco a nord-est di Stolec, dove i polacchi si erano nel frattempo ben trincerati. La forte resistenza del nemico costrinse Dietrich ad impegnare anche il *III./LSSAH* di Trabandt sul fianco sinistro, per tentare di travolgere le posizioni difensive dei polacchi. I combattimenti durarono alcune ore e solo a notte inoltrata la marcia poté proseguire. La *Leibstandarte* riferì di aver annientato un intero battaglione polacco nella foresta di Stolec, ma il fiume Warta, l'obiettivo principale, non era stato ancora raggiunto. Il giorno dopo, Sepp Dietrich mandò in avanti il *III./LSSAH,* che progredì senza incontrare molta resistenza, giungendo fino alla Warta alle 9:30, nei pressi di Burzenin: il ponte di legno era danneggiato ed ancora una volta furono chiamati in causa i pionieri per rimetterlo in piedi. Non c'erano reparti nemici nel settore, solo il fuoco dell'artiglieria polacca creò qualche problema, come il ferimento dell'*SS-Hstuf.* Scheide, il

Regiments-Ingenieur, costretto ad essere evacuato. Il passaggio del fiume si completò solo verso le 13:30 per i reparti del *III./LSSAH* ed alle 17:00 per quelli del *II./LSSAH*. Al di là del fiume si estendeva una vasta pianura, sotto il fuoco dell'artiglieria polacca, ben dislocata a circa sette chilometri, sulla riva della Widawka, un affluente della Warta. I ponti di Gorki e Rembieszow erano stati distrutti ed i reparti SS restarono nuovamente bloccati.

Reparti tedeschi attraversano un fiume su un ponte in legno costruito dai pionieri.

Soldati tedeschi e villaggio in fiamme.

La giornata fu contrassegnata da nuove perdite in seno all'unità ed inoltre giunsero anche critiche sul suo operato, da parte del *General der Artillerie* Herbert Loch, comandante della *17.Inf.Div.*: quest'ultimo si lamentò sia del cattivo impiego sul campo dei reparti SS e soprattutto del fatto che dei villaggi, da dove erano partiti degli spari, erano stati sistematicamente incendiati, privando così la truppa di ripari per la notte e creando degli ulteriori ostacoli per le truppe in marcia(14). Il 5 settembre, Dietrich lanciò i suoi reparti all'assalto della Widawka: senza un adeguato appoggio del fuoco dell'artiglieria, poiché il *II./Art.Rgt.46* era stato trasferito temporaneamente in appoggio proprio alla *17.Inf.Div.*, l'azione si concluse con un nulla di fatto e l'unità lamentò 3 caduti e 33 feriti. Nella serata, giunse l'ordine di trincerarsi sul posto, mentre le altre unità del *XIII.Armee-Korps* erano riuscite a travolgere le posizioni polacche lungo la Widawka. Nel corso della notte tra il 5 ed il 6 settembre, le pattuglie esploratrici riferirono che il nemico era in fuga, ma al mattino del 6 giunse alla *Leibstandarte* l'ordine di ripiegare dietro la Warta, su entrambi i lati della strada Burzenin-Redzen, dove giunsero anche le batterie del *II./Art.Rgt.46*. Il giorno dopo, l'unità SS riprese la marcia, con l'ordine di raggiungere il settore di Rzgow, sempre alle dipendenze della *17.Infanterie-Division*.

Reparti tedeschi impegnati nel settore di Pabianice, settembre 1939.

Generale Herbert Loch.

Un *PzKpfw.III* lanciato all'attacco, settembre 1939.

Alla divisione di Loch, rinforzata dai carri del *I./Pz.Rgt.23*, era stato ordinato di attaccare e conquistare la posizione di Lask e proseguire successivamente verso Pabianice, che doveva essere difesa fino all'arrivo della *Leibstandarte*. L'obiettivo era quello di isolare Lodz da sud assicurando il controllo del settore dominante di Antoniew. La città di Pabianice era difesa da un forte raggruppamento polacco, che aveva ricevuto l'ordine di difendere la posizione per il maggior tempo possibile per consentire all'Armata di Poznan di tirarsi fuori dalla sacca che si era creata intorno ad essa e nello stesso tempo coprire le truppe che stavano tentando di stabilire un fronte difensivo sulla strada per Varsavia. A causa della distruzione dei ponti di Grabia e Przygon, i reparti SS furono costretti ad effettuare un vasto movimento aggirante passando per i villaggi di Orpelow, Markowka e Dobro, percorrendo piste sabbiose, che rallentarono notevolmente la marcia.

Soldati della *Leibstandarte* impegnati nell'area di Pabianice. Da notare che i soldati hanno le fasce da polso ricoperte, per nascondere al nemico il nome della loro unità.

Testimonianza di Kurt Meyer su questi combattimenti(15): "*...Il 7 settembre, verso le 10:00, raggiungemmo la periferia di Pabianice, con l'ordine di stabilire posizioni di arresto lungo la linea Rzgow-Wola, Ragowa e Lodz. Pabianice era difesa da forti reparti nemici con armi anticarro.*

Un *PzKpfw.I* attraversa un corso d'acqua in Polonia.

Un pezzo anticarro polacco *Bofors wz.36* da 37mm.

Una *MG-34* in posizione difensiva, settembre 1939.

L'attacco del I./Pz.Rgt. 23 *fu quindi respinto dai difensori polacchi. Alcuni carri tedeschi distrutti giacevano immobilizzati sul terreno. Erano stati colpiti e messi fuori combattimento dai fucili anticarro polacchi. La* Leibstandarte *si fece allora carico della missione che avrebbe dovuto essere svolta dai carri e si lanciò immediatamente all'attacco. La* 1. *e la* 2.Kp. *riuscirono a penetrare nella città, aprendo la strada la resto del Battaglione. Di fronte alla potenza del nostro attacco, i polacchi si ritirarono al centro dell'abitato. Ma subito dopo si verificarono dei forti contrattacchi del nemico, che furono lanciati in particolare contro il fianco esposto del reggimento. Le posizioni di fuoco avanzate del* II./Art.Rgt.46 *si difesero disperatamente dai continui attacchi della fanteria polacca. Si combatteva ovunque, le unità polacche che ripiegavano da ovest attaccavano senza preoccuparsi delle pesanti perdite. Spesso, il comando reggimentale, è diventato il punto focale dei combattimenti. Gli addetti ai servizi amministrativi e gli autisti dovettero battersi per salvare la pelle. I polacchi avanzavano con difficoltà verso lo Stato Maggiore del Reggimento, attraverso un campo di patate ed erano visibili solo per una frazione di secondo, poiché le foglie gli consentivano di nascondersi bene. Non riuscivamo ad impedire ai fanti nemici di continuare a guadagnare terreno e di avvicinarsi quasi alla portata di un lancio di una granata. Saltai ed in piedi iniziare a sparare nel campo di patate. Era la sola possibilità di colpire i polacchi. Sulla mia destra, c'era un soldato della* 13.Kompanie *che sparava colpo su colpo come se si stesse esercitando sui polacchi che attaccavano. Ma il nostro tiro al bersaglio non durò molto. All'improvviso, mi ritrovai sul fondo della trincea e ricordo di aver ricevuto un colpo alla mia spalla sinistra. Un proiettile mi aveva perforato la spalla e mi aveva buttato a terra. Il mio vicino era caduto, un proiettile gli aveva perforato il collo. Non ero più in grado di respingere un altro attacco senza appoggio. Da una parte all'altra, i combattimenti proseguirono, e solo dopo mezzogiorno, fu smorzato lo slancio dei polacchi che attaccavano. Centinaia di soldati cessarono di combattere ed iniziarono la loro marcia verso la prigionia*".

Fucilieri motociclisti tedeschi impegnati ad attaccare reparti polacchi nascosti in una foresta.

Un *PzKpfw.II* impegnato in un villaggio polacco.

Reparti di cavalleria polacca, settembre 1939.

Minacciate di finire circondate, la *1.* e la *2.Kp./LSSAH* furono costrette a ripiegare, per cui fu deciso di riprendere l'attacco alle 15:30, aggirando Pabianice da sud e da nord, in direzione di Rzgow. Il nuovo attacco iniziò bene e alle 16:30, il *I./LSSAH* riferì di essere arrivato al centro della strada che proseguiva verso nord, tra Pabianice e Konstantynow, mentre il *II./LSSAH* aveva assicurato il controllo della strada a sud di Pabianice che portava a Huta. Nello stesso tempo però, il *II./Art.Rgt.46* fu attaccato da forti reparti di cavalleria polacca e più a sud, furono attaccati anche le colonne rifornimenti della *Leibstandarte*. Altri reparti nemici attaccarono subito dopo il *II./LSSAH* nel settore di Kol.Bychlew: la *7.Kp.* di Baum perse quattro uomini nel corso di questi ultimi combattimenti. Testimonianza dello stesso *SS-Ustuf.* Otto Baum su questi combattimenti, in cui critica il comando di Dietrich[16]: "*...I polacchi sbucarono dalla foresta di Czyzeminek e da ovest; urlando* 'Hurrà', *essi attaccarono il mio fianco destro che era sotto il loro fuoco fin dall'inizio. Basandomi sulla mia esperienza, che mi portò fino al comando di una divisione, io non avrei mai lanciato questo attacco senza aver prima eliminato le forze nemiche sui fianchi*".

***SS-Ustuf*. Otto Baum.**

Sepp Dietrich, al centro, con alcuni soldati della *Leibstandarte*.

Soldati tedeschi in un villaggio polacco, settembre 1939.

Anche il *II./LSSAH* lamentò la perdita ed il ferimento di molti ufficiali e tra questi l'*SS-Hstuf.* Mohnke, comandante della *5.Kp.* e gli *SS-Ostuf.* Anhalt e Laesch, comandanti di plotone nella 7. e *8.Kompanie*. Alle 17:00, l'*SS-Ogruf.* Dietrich ordinò ai suoi reparti di mantenere le posizioni raggiunte e nello stesso tempo chiese aiuto alla *10.Inf.Div.*, credendo di essere rimasto circondato. Verso le 18:30, la pressione nemica iniziò a diminuire, proprio mentre giungeva di rinforzo nel settore la *5.Kp./Inf.Rgt.55*. In serata, la situazione si stabilizzò definitivamente.

Prosegue la marcia verso nord

L'8 settembre, l'avanzata tedesca proseguì verso nord. Il *XIII.Armee.Korps* doveva attaccare Lodz con la *10.Inf.Div.* da nord e da nord-est e con la *17.Inf.Div.* da sud e da ovest. Alle 8:00, la *Leibstandarte*, sempre alle dipendenze della *17.Inf.Div.*, attaccò Pabianice nuovamente, non incontrando praticamente alcuna resistenza e proseguendo in direzione di Rzgow. Giunti in posizione, Dietrich dislocò i suoi reparti in modo da prevenire eventuali tentativi di penetrazione nemici provenienti da nord, da nord-est, da est e da sud-est. Ma non si verificarono ulteriori scontri poiché i polacchi erano in rotta. Le loro forze avevano abbandonato Lodz senza combattere ed erano ormai finite in una grande sacca ad ovest di Varsavia e della Vistola.

Panzer tedeschi attraversano il fiume Bzura, settembre 1939.

Generale Erich Hoepner.

***Generalleutnant* Reinhardt.**

La capitale polacca era già minacciata dalle forze del *XIV.Armee-Korps* di Hoepner e il gruppo da ricognizione della *4.Pz.Div.* stava già combattendo alla periferia sud-orientale della città. Il comando tedesco si aspettava una forte pressione da parte delle restanti forze polacche, che dal fronte occidentale stavano ripiegando verso Varsavia e quindi decise di trasferire la *Leibstandarte* proprio al *XIV.Armee-Korps* e in particolare alla *4.Pz.Div.* del *Generalleutnant* Georg-Hans Reinhardt, impegnata su due fronti, ad ovest della capitale polacca. Il 9 settembre, di buon mattino, i reparti SS si misero in marcia per raggiungere il settore Falenty-Nadarzyn, dove giunsero verso le 18:00 accolti dal Generale Hoepner in persona, che aveva ben gradito i nuovi rinforzi, come si evince dal resoconto fatto dallo stesso comandante della *4.Pz.Div.*: "*...L'attacco del mattino contro la città è stato interrotto a causa delle numerose perdite. Varsavia è difesa da truppe nemiche ben armate e ben trincerate in solide ed estese fortificazioni, che una sola divisione corazzata con quattro battaglioni di fanteria, non può superare. Visto che l'occupazione della città riveste un significato minore sul piano militare, propongo di sospendere gli attacchi e che la* 4.Panzerdivision, *lasciando alcune truppe a copertura in direzione di Varsavia, riceva l'ordine di trasferirsi su nuove posizioni lungo le strade battute dalle forze polacche in ritirata da ovest verso la capitale. Per questa missione, la* 4.Pz.Div. *che si batte da sola nelle retrovie del nemico, avrebbe* *bisogno di fanteria supplementare poiché i* Panzer *non possono servire come forza di copertura...*". Il generale Hoepner approvò l'analisi fatta da Reinhardt e ordinò il trasferimento della *4.Panzer-Division*. Era necessario rinforzare il suo fianco sinistro, difeso solo dall'*Aufklärungs-Abteilung 7* e da una batteria di artiglieria. Proprio la *Leibstandarte* fu scelta come rinforzo: l'ordine era di prendere posizione a nord del fiume Bzura per impedire alle truppe polacche, respinte verso sud-est dall'*Heeresgruppe 'Nord'*, di attraversare il fiume e di unirsi alla guarnigione di Varsavia. Nello stesso tempo, l'*8.Armee* e la *10.Armee*, dovevano circondare le forze polacche in un triangolo situato ad ovest di Kutno, dove la Bzura sfocia nella Vistola, nei pressi di Wysczogrod.

***Panzer* tedeschi avanzano in territorio polacco, settembre 1939.**

Colonna motorizzata tedesca in marcia.

Nella notte tra il 9 ed il 10 settembre, la *Leibstandarte* iniziò dunque a spostarsi verso nord e la *15.(Kradsch.)Kp./LSSAH* fu subito inviata a Nowa Wies di rinforzo all'*Aufkl.Abt.7*, che da quel momento fu posto alle dipendenze del reggimento SS. I motociclisti SS dovevano prendere posizione intorno ai villaggi di Domaniew e Moszna, su entrambe le sponde del fiume Utrata. Furono seguiti dal *II./LSSAH* che doveva difendere il settore di Oltarzew e dal *I./LSSAH* che doveva occuparsi di quello di Domaniew. L'appoggio di artiglieria sarebbe stato fornito dal *II./Art.Rgt.103*. Quando però i reparti SS giunsero nell'area, numerose colonne polacche erano penetrate dentro i villaggi di Oltarzew e Ozarow: senza perdersi d'animo, i soldati di Kohlroser ingaggiarono battaglia ed annientarono le forze nemiche, completamente allo sbando. Le altre colonne polacche, avvertito il pericolo, tentarono di passare più a nord, quindi il *III./LSSAH* fu schierato a Macierzysz, bloccandole. Il *I.* ed il *II./LSSAH* nel corso della notte, riferirono di aver catturato almeno 1.200 prigionieri. I polacchi avevano subito terribili perdite, ma alcune unità erano riuscite nel corso della notte a proseguire in direzione di Varsavia. Il 10 settembre, la *4.Pz.Div.* ordinò quindi alla *Leibstandarte* di stabilire il collegamento con la *31.Inf.Div.* ad ovest di Pruszkow.

Un convoglio ferroviario polacco che trasportava carri armati, catturato e ispezionato dai reparti della *Leibstandarte* nell'area di Blonie, settembre 1939.

Esploratori motociclisti tedeschi in Polonia, 1939.

La *1.Panzer-Division* aveva nel frattempo stabilito una testa di ponte sulla Vistola nei pressi di Otwok, quindi fu ordinato alla *4.Pz.Div.* di estendere la sua linea di arresto: alla *Leibstandarte* fu ordinato di attestarsi su nuove posizioni difensive lungo la linea ferroviaria Pilaszkow-Josefow, tra l'Utrata e la Rokitnica per impedire alle truppe polacche di giungere a Varsavia dall'area di Blonie. Il *I./LSSAH* si dispose sulla destra ed il *II./LSSAH* sulla sinistra. Ciascun battaglione fu rinforzato da un plotone di cannoni di fanteria ed uno anticarro. Sul fianco destro tutto si svolse tranquillamente, mentre su quello sinistro, gli uomini di von Oberkamp incontrarono una forte resistenza a Plochocin, Kopytow e Swiecice. Gli obiettivi assegnati furono raggiunti alle 18:00 e fu stabilita una nuova linea difensiva tra Pilaszkow, Lazniew e Jozefow, subito attaccata dai polacchi, ma senza successo. Nel corso della notte, il *III./LSSAH* prolungò l'ala destra del reggimento verso nord. I combattimenti proseguirono anche al mattino dell'11 settembre per poi diminuire di intensità verso mezzogiorno.

Una strada polacca congestionata dal passaggio di colonne motorizzate tedesche, settembre 1939.

Carri ed esploratori motociclisti tedeschi alla periferia di un villaggio polacco, settembre 1939.

Il giorno dopo i reparti SS si ritrovarono tra due fuochi, dovendo fronteggiare gli attacchi nemici provenienti dal settore a nord di Sochaczew e dal settore Leszno-Kampinow. Dal rapporto della *6.Kp./LSSAH*: "*...La* 6.Kompanie *ha avuto il suo primo giorno di riposo l'11 settembre. Ci siamo spostati in un villaggio molto esteso chiamato Swiecice verso mezzogiorno. Verso le 22:00, la sentinella di turno davanti al posto di comando della compagnia segnalò dei tiri di pezzo anticarro provenienti da est a distanza variabile lungo la strada e su entrambi i lati della stessa. Il suo rapporto non fu però preso in considerazione, essendo la sentinella considerata poco affidabile. I tiri però continuarono intensificandosi sempre di più, quindi il comandante della compagnia fu svegliato. Si portò allora sulla strada e confermò il rapporto. La compagnia fu messa subito in* *allerta e prese posizione lungo una strada che partiva dalla strada principale e portava verso sud. Quando i primi elementi della compagnia vi arrivarono, il nemico era già ad un centinaio di metri. Ci buttammo nel fossato, con i nostri fucili e le nostre mitragliatrici pronte ad aprire il fuoco. I primi elementi nemici attaccarono rapidamente urlando. Rispondemmo subito al loro fuoco. Le pallottole fischiavano da tutte le parti, alcune granate esplosero alle nostre spalle ed una mitragliatrice polacca iniziò a spararci contro sul fianco. Il nostro comandante di compagnia, l'*SS-Hstuf. *Rudolf Lange*[17]*, ci ordinò di cessare il fuoco. Dovevamo cambiare posizione*".

Fanteria polacca all'assalto.

Una *MG-34* in posizione di fuoco, Polonia settembre 1939.

Una squadra mortai della *Leibstandarte* in azione.

Artiglieria tedesca in azione sul fronte polacco.

Mentre ripiegava verso nord, la *6.Kp./LSSAH* incrociò i reparti del *I./LSSAH* lanciati all'attacco delle posizioni di Pilaszkow e Witki, conquistate grazie anche all'appoggio di fuoco della *4.Batterie* dell'*Artillerie-Regiment 103*. La *3.Kp./LSSAH* fu quindi inviata a Swiecice, per riconquistare il settore perduto. Dopo aver preso contatto con il nemico, infiammarono subito violenti combattimenti: essendo in inferiorità numerica, giunsero di rinforzo i plotoni di riserva del battaglione, mentre i resti della *6.Kp./LSSAH* furono impegnati al comando dell'*SS-Ustuf.* Kaschula[18], ufficiale di ordinanza del *I./LSSAH*. I polacchi furono alla fine respinti, grazie soprattutto ai tiri diretti della *4.Bttr./Art.Rgt.103*. Testimonianza di Kurt Meyer su questi ultimi combattimenti[19]: "*....Durante la notte tra il 12 ed il 13 settembre una forte unità nemica era riuscita a penetrare le posizioni del* II./LSSAH; *sembrava imminente l'apertura di una grossa breccia. Nelle prime ore del mattino ci giunse la notizia che la*

6.Kompanie *era stata travolta ed il suo comandante era caduto in combattimento. Ero particolarmente legato a lui. Dal 1929 facevamo parte della stessa grande unità. Il rapporto sulla penetrazione nemica che ci minacciava ci appariva incredibile. Non potevano credere che il nemico fosse riuscito a rompere le nostre posizioni. Mi fu ordinato di verificare l'esattezza dell'informazione. Saltai sulla sella di un* sidecar *e sparii in direzione di Blonie.*

Un semicingolato *Sd.Kfz.6* con al traino un *leichte FeldHaubitze 18* da 105mm in marcia sul fronte dello Bzura, seguito da un veicolo comando *Horch*, settembre 1939.

Kurt Meyer.

L'SS-Obersturmführer *Pfeiffer*[20], *che morirà qualche anno dopo eroicamente come comandante di una compagnia di* Panther, *salì anche lui e mi accompagnò. A grande velocità percorremmo la 'strada della morte' così rapidamente per evitare gli insetti e non sentire la puzza pestilenziale che si levava dalle carcasse degli animali morti lungo la stessa. A qualche centinaio di metri davanti Swiecice, vidi due soldati polacchi ed un soldato della* 6.Kompanie *dietro ad un piccolo ponte. Il comportamento dei tre soldati mi apparve strano, quindi frenai bruscamente, saltai dalla moto e mi diressi verso il gruppo inginocchiato in un fossato. Quando giunsi sul bordo dello stesso, compresi la ragione del loro strano comportamento. Il soldato era prigioniero dei polacchi e mi guardava con un'aria costernata vedendomi avanzare da solo verso il gruppo. Dannazione! Avevo ancora una volta avuto fortuna! La pistola-mitragliatrice di Pfeiffer aveva impedito ai polacchi di spedirmi all'altro mondo. Era dunque vero, la* 6.Kompanie *era stata travolta ed il suo comandante era steso nel fossato a qualche centinaio di metri davanti a noi. Pfeiffer ed io, continuammo ad avvicinarci a Swiecice e trovammo il nostro camerata caduto. Un proiettile in petto aveva messo fine alla sua vita. Seppel Lange era morto, un soldato esemplare. Non lo dimenticheremo mai*". Le precedenti posizioni del *II./LSSAH* furono riconquistate verso le 11:00. La penetrazione nemica fu bloccata dal *I./LSSAH* da nord e dal *II./LSSAH* da ovest, grazie anche all'appoggio del *II./Pz.Rgt.36* e del *II./Inf.Rgt.33*. Subito dopo mezzogiorno, i reparti polacchi tornarono ad attaccare ancora, in particolare nel settore del *I./LSSAH* a Zaborow e Pilaszkow.

Carri e motociclisti tedeschi in Polonia.

Un pezzo anticarro tedesco da 37mm.

Reparti motorizzati della *Leibstandarte* in marcia.

Il Battaglione SS riuscì a respingerli e ad allentare la pressione nemica grazie all'intervento del *I./Pz.Rgt.36*, per poi ripiegare nel tardo pomeriggio in direzione di Konotopa.

Sul fronte del Bzura

La concentrazione di numerose forze polacche nel settore del fiume Bzura, costrinse il comando tedesco a rivedere i suoi piani: il 13 settembre, il *XIV.Armee-Korps* fu quindi trasferito ad ovest del fiume in direzione di Sochaczew e Kutno, passando temporaneamente alle dipendenze della *8.Armee*. Il piano tedesco puntava all'annientamento delle forze polacche tra lo Bzura e la Vistola, con una offensiva concentrica della *8.* e della *10.Armee,* appoggiate dall'alto dalla *Luftflotte 4*. In particolare il *XIV.Armee-Korps* doveva bloccare l'uscita delle forze nemiche dalla sacca dello Bzura da est, attaccando da Sochaczew in direzione della Vistola. Il 13 settembre, il Corpo si lanciò all'attacco con la *4.Pz.Div.* e la *31.Inf.Div.*, avendo come primo obiettivo quello di circondare le truppe polacche che si trovavano ad est di Blonie. Inizialmente alla *Leibstandarte* fu ordinato di rastrellare il settore compreso tra Lezno, Pialuty e Wasy alla fine della serata. L'*SS-Ogruf.* Dietrich approfittò di questa giornata relativamente calma per riorganizzare i suoi reparti e designare al comando della *6.Kompanie,* l'*SS-Hstuf.* Klingemeier(21) e l'*SS-Ostuf.* Beutler(22) come aiutante del *II./LSSAH.*

Reparti tedeschi impegnati nell'area di Sochaczew.

***SS-Ogruf.* Sepp Dietrich.**

Posizione difensiva polacca sul fronte dello Bzura, 1939.

Soldati della *Leibstandarte* per le strade di Sochaczew.

Il giorno dopo, la *Leibstandarte* fu nuovamente aggregata alla *4.Pz.Div.,* che doveva proseguire il suo attacco verso ovest per bloccare il settore che andava da Sochaczew alla Vistola e di impedire alle truppe polacche di dirigersi verso la capitale. I reparti SS furono assegnati al *Gruppe 'von Hartlieb',* composto da elementi della *5.Panzer-brigade,* ed iniziarono a muovere verso le 9:00: il *I./LSSAH* attaccò Sochaczew con l'appoggio di un battaglione corazzato del *Pz.Rgt.36* e di un gruppo di artiglieria dell'*Artillerie-Regiment 'Kempny'.* Tra le strade e le case della città si svilupparono subito violenti combattimenti e la posizione per ben tre volte nel corso della giornata, cambiò di mano.

Verso le 20:00. la *4.Panzer-Division* riportò che il settore Brochow-Sochaczew era stato conquistato, ma le due posizioni furono nuovamente perse durante la notte, a causa di un massiccio bombardamento da parte dell'artiglieria polacca.

Soldati della *Leibstandarte* impegnati in uno scontro a fuoco per le strade di Sochaczew.

Reparti della *Leibstandarte* al seguito di un autoblindo, penetrano dentro Sochaczew.

Altre foto che mostrano i reparti della *Leibstandarte* durante i combattimenti dentro Sochaczew.

Dalle testimonianze di alcuni prigionieri saltò fuori che i polacchi stavano ammassando numerose forze ad ovest del Bzura per tentare di spingersi poi in direzione di Varsavia. Nel corso della notte dei piccoli gruppi di soldati tentarono di raggiungere la capitale polacca, mettendo in allarme non solo i reparti SS ma anche quelli della *4.Pz.Div.* Nella giornata del 15 settembre, la *Leibstandarte* fu impegnata a respingere alcuni attacchi nemici locali, che fecero registrare solo alcuni feriti. Verso mezzogiorno, il *XVI.Armee-Korps,* passò nuovamente alle dipendenze della *10.Armee* di von Reichenau: i nuovi ordini per la *4.Pz.Div.* e la *Leibstandarte,* stabilirono per il giorno dopo, l'attraversamento del Bzura e la conquista della strada situata a due chilometri ad ovest dello stesso fiume polacco.

Il 16 settembre, alle 7:00, il *II.*, il *I.* ed il *III./LSSAH,* attraversarono il fiume uno dopo l'altro, utilizzando una passerella costruita dai pionieri SS, nei pressi di Plecewice. Anche il *II./Pz.Rgt.35* attraversò il fiume per appoggiare i reparti SS. La marcia si bloccò davanti al villaggio di Bibijampol, dove un forte contrattacco dei polacchi mise in difficoltà i reparti tedeschi. La situazione fu ristabilita grazie al fuoco dell'artiglieria tedesca, che annientò completamente i reparti nemici. Verso mezzogiorno, il *I./LSSAH* conquistò il villaggio di Juliopol, mentre il *II./LSSAH* riuscì a spingersi fino a D.Ruski. L'attacco non proseguì oltre, anche perché gruppi di soldati polacchi si erano asserragliati in alcune fattorie e nei boschi, continuando a resistere. Inoltre, il *II./LSSAH* non riuscì a sloggiare i difensori polacchi trincerati dentro il villaggio di Adamowa Gora.

Un *Sd.Kfz.232* della *Leibstandarte* impegnato in Polonia.

Stukas e *Panzer* in Polonia, settembre 1939.

Formazione corazzata tedesca durante un attacco, 1939.

La tenace resistenza ed alcuni contrattacchi del nemico, convinsero il Generale Reinhardt ad ordinare il ritiro dei reparti più avanzati, minacciati di restare tagliati fuori. Quindi fu stabilita una nuova linea difensiva tra Gawlow Lubianka a sud, Helenka, Bibijampol e Juljupol a nord-ovest. Alle 19:00, il *II./LSSAH* andò a rilevare il *I./LSSAH,* che fu posto in riserva a Zukowka, mentre la *15.(Kradsch.)Kp./LSSAH* fu impiegata a coprire il fianco destro a nord di Plecewice. Il 17 settembre, un battaglione polacco attaccò proprio in quest'ultimo settore, costringendo la *Leibstandarte* a mettere in campo tutte le sue riserve, compreso il personale dello Stato Maggiore Reggimentale, per respingere il nemico. Il battaglione polacco finì completamente annientato, dopo essersi immolato in alcune cariche suicide. Nel primo pomeriggio, il comando della *Leibstandarte* subì un attacco da parte di alcuni aerei polacchi, ma non si registrarono perdite. Pochi minuti dopo, la *1.Kp./LSSAH* riferì di aver catturato una vettura con a bordo un generale polacco e tre ufficiali del suo stato maggiore. Si trattava del comandante della 17ª divisione di fanteria e dai documenti trovati in suo possesso, si risalì agli ordini di attacco del nemico per il giorno seguente. I tedeschi appresero quindi che erano stati attaccati dalla 14ª e 25ª divisione, rinforzate dalla 17ª divisione, che avevano ricevuto l'ordine di attraversare il fiume Bzura. L'attacco del 16 settembre della *4.Panzer-Division* e della *Leibstandarte*, aveva però fatto saltare i piani polacchi. Il *Generalleutnant* Reinhardt decise quindi di attaccare ad est del fiume verso nord con tutte le forze disponibili. Per coprire l'attacco del *Pz.Rgt.36* su Brochow, il *III./LSSAH* si trasferì sulla riva occidentale del Bzura, nei pressi di Mistrzewice, ricevendo in appoggio una compagnia dello stesso *Pz.Rgt.36*: durante la marcia di trasferimento i reparti SS ingaggiarono un breve ma violento combattimento con unità nemiche, annientandole.

Cavalleria polacca lanciata all'attacco.

Una *MG-34* della *Leibstandarte* in Polonia.

Due *PzKpfw.I* su una strada polacca, settembre 1939.

In quello stesso 17 settembre, penetrarono in Polonia, da est, le forze sovietiche e quattro giorni più tardi, giunsero sulla linea di demarcazione stabilita nel *Patto Ribbentrop-Molotov*. Il 18 settembre, la *Leibstandarte* fu rilevata dalla sponda occidentale del Bzura da elementi della *19.Inf.Div.* e della *1.Pz.Div.* Tranne il suo *I./LSSAH*, tutti gli altri reparti si dovevano raggruppare tra Pasikonie, Kaskie, Knatovice e Zawady. Il *I./LSSAH* fu invece assegnato al *Kampfgruppe 'Hartlieb'*, con il compito di appoggiare il *II./Pz.Rgt.36* nel suo attacco in direzione di Sladow, località situata a sud della Vistola. Verso le 10:00, il fiume Lasica fu attraversato dai *Panzer* e la posizione di Sladow fu conquistata alle 13:00. Le truppe polacche nel settore, erano ormai completamente circondate. Ma non si persero d'animo, contrattaccando ferocemente e riuscendo a circondare a loro volta il *I./LSSAH* che si ritrovò a combattere con le spalle alla Vistola, mentre il *II./Pz.Rgt.36* fu impegnato duramente a Sladow, attaccata da est. Altri reparti della *4.Pz.Div.* furono attaccati nei pressi di Prszeslawicew e a Gorki, restando circondati. Lo stesso posto di comando del

Generalleutnant Reinhardt a Tutowice, si ritrovò sotto attacco nemico. In loro soccorso fu chiamata proprio la *Leibstandarte*, che si mise in marcia durante la notte, giungendo all'alba del 19 settembre in posizione, mettendosi a disposizione di Reinhardt. Il *I./LSSAH* era sempre circondato ad est di Sladow e stavano iniziando a scarseggiare le munizioni.

Alcuni *PzKpfw.IV* in una cittadina polacca, alla vigilia di un'azione, settembre 1939.

Colonna corazzata tedesca in movimento, settembre 1939.

Grazie ad una penetrazione operata da alcuni carri del *Pz.Rgt.36*, fu possibile rifornire i reparti SS, permettendo loro di continuare a resistere. Nel frattempo, il *Generalleutnant* Reinhardt organizzò il suo contrattacco per liberare le unità circondate, avendo a disposizione solo il *Pz.Rgt.35*, lo *Schtz.Rgt.12*, il *I./Schtz.Rgt.33* e la *Leibstandarte*. Furono quindi diramati gli ordini: in avanti il *Pz.Rgt.35*, appoggiato dal *III./LSSAH*, mentre il *II./LSSAH* doveva coprire il loro fianco sinistro. Lo *Schtz.Rgt.12* ed il *I./Schtz.Rgt.33* avrebbero seguito il *II./LSSAH* per poi spingersi verso il Bzura a sud-est di Preslawice. L'artiglieria avrebbe coperto l'avanzata colpendo la valle del Bzura. L'attacco fu lanciato alle 8:00 ed un'ora dopo, il *Pz.Rgt.35* era riuscito già a stabilire il collegamento con il *Pz.Rgt.36*. I reparti della *Leibstandarte* marciarono più lentamente, dovendosi anche occupare di annientare i nidi di resistenza nemici lungo la strada. Il *I./LSSAH* fu 'liberato' solo verso le 11:00.

SS-Ostuf. Hubert Meyer.

Testimonianza di Hubert Meyer, comandante di plotone della *10.Kp./LSSAH*, sui combattimenti di quella giornata[23]: "...*Eravamo raggruppati nei pressi di un terrapieno ferroviario ed avevamo attaccato nella mattinata con i carri leggeri. Proprio davanti a noi, si trovava un'altura coperta da piccoli alberi, dietro la quale pensavamo ci fosse il nemico. Quando fummo a circa seicento metri da essa, dei violenti tiri di mitragliatrice ci costrinsero a metterci al riparo. I* Panzer *si fermarono per cercare i loro bersagli. Corsi verso il* Panzer *più vicino, colpì con il calcio della mia pistola la torretta e segnalai al comandante del carro la posizione di un nido di mitragliatrice nemico. Questi aprì il fuoco mentre mi trovavo ancora vicino al carro. Il rumore dello sparo mi rese quasi sordo per il resto della giornata. I carri ripresero quindi ad avanzare rapidamente. Noi li seguimmo lentamente. Quando furono ad un centinaio di metri dall'altura, i polacchi agitarono delle bandiere bianche. I* Panzer *continuarono allora ad avanzare. Quando arrivammo noi alla stessa distanza, le bandiere sparirono e finimmo nuovamente sotto il fuoco nemico. Se fossimo restati in quella posizione, saremmo stati uccisi uno dopo l'altro. Ordinai allora di attaccare l'altura. I polacchi fuggirono dopo un violento scontro corpo a corpo. Non avevamo subito nessuna perdita. Era necessario ora raggiungere i* Panzer *prima possibile. Dietro all'altura si trovava una striscia di prato larga circa duecento metri e poi una foresta. Leggermente sulla destra avvistammo un* Panzer *fermo; intorno al mezzo, c'erano dei polacchi che tentavano di aprire i portelli. Iniziammo subito a sparare contro di loro.*

Fanteria polacca in combattimento, settembre 1939.

Un *PzKpfw.II* in combattimento.

Avevo con me una carabina polacca. Sorpresi, i polacchi risposero al nostro fuoco, ma si infuriarono quando videro che numerosi dei miei uomini si misero a correre in direzione del Panzer. *Né noi né i polacchi vincemmo quello scontro, ma il* Panzer *fu liberato. Il suo equipaggio ci ringraziò e fu riconoscente. Un altro* Panzer *era finito in un fossato pieno d'acqua, ma dal suo interno non provenivano rumori. Rimisi il mio plotone in formazione e proseguimmo verso la Vistola. Quando uscimmo dalla foresta, ci trovammo di fronte a dei campi pieni di alberi da frutto che si estendevano verso una strada a circa settecento metri; la strada passava attraverso i campi nella direzione dell'attacco. I polacchi che avevamo messo in fuga, si stavano trincerando. I nostri* Panzer *erano scomparsi alla nostra vista. Ma non potevamo dare tempo al nemico di riprendersi e quindi dovevamo proseguire senza l'appoggio corazzato. Eravamo obbligati a riprendere la marcia sapendo che il nemico ci avrebbe fatto avanzare per poi colpirci a distanza ottimale. Se avessi inviato una pattuglia in avanti, sarebbe stato sicuramente un suicidio. Ma chi poteva aiutarci?*

***Panzer* tedeschi superano un corso d'acqua in Polonia grazie ad un ponte costruito dai pionieri.**

Esploratori motociclisti tedeschi in un villaggio polacco.

Dovevamo contare solo su noi stessi. Non mi restò che mettermi in testa al plotone e farlo avanzare in formazione d'attacco. Dovetti ricorrere a tutto il mio coraggio per fare questo. Più ci avvicinavamo alla strada più la tensione aumentava. Guardavamo così intensamente intorno a noi che avevamo l'impressione che gli occhi stessero per uscire dalle loro orbite, ma non vedemmo nulla. Eravamo a cento metri dalla strada. Il primo tiro sarebbe arrivato e sicuramente sarebbe stato destinato a me. A quella distanza non mi potevano mancare. Ero molto teso, il mio cuore batteva forte. Aspettavo il primo tiro. Le mie gambe continuavano ad avanzare. Ma nessun tiro del nemico. Raggiungemmo delle case. Non si vedeva nessuno. Solo dei maiali nel cortile della casa successiva.

Elementi del *I./LSSAH* e carri della *4.Panzer-Division* impegnati nell'area di Sladow, settembre 1939.

La tensione si allentò lentamente. Ci guardammo tra di noi, quasi imbarazzati. Ognuno sapeva che gli altri avevano vissuto la stessa tensione. Attraversammo quindi i prati per raggiungere la Vistola e tirammo un razzo di segnalazione. Fu a quel punto che iniziarono ad esplodere dei violenti tiri di arma da fuoco. Numerosi proiettili iniziarono a sibilare nell'aria, caddero dei rami a terra. Ma non si vedeva nessun nemico. Arrivò uno dei nostri Panzer, *ma non poteva sparare. Poi apparve una autoblindo. Salii su di essa per parlare con il suo comandante e vidi allora sulla sinistra dei caschi polacchi dietro ad un terrapieno in prossimità del fiume. Allora era da lì che tirava il nemico. Dopo aver fatto aggiustare e poi tirare il mio mortaio con una elevata cadenza, avanzai con i miei uomini sulla sinistra per tentare di raggiungere il terrapieno.*

Soldati della *Leibstandarte* in attesa sul ciglio di una strada polacca, durante una marcia di trasferimento.

Soldati della *Leibstandarte* a bordo di un camion, attraversano un villaggio polacco distrutto.

*Non riuscivo a vedere se i miei uomini mi stessero seguendo, ma sapevo benissimo che non mi avrebbero lasciato mai da solo. I polacchi si erano messi al coperto nelle loro buche individuali per evitare i colpi del mortaio. Seguì un combattimento ravvicinato. Fortunatamente, avevo con me la carabina polacca. Mentre mi stavo battendo in un corpo a corpo con un soldato polacco, un altro sbucò da un fossato lungo il fiume; non l'avevo visto. Ma, il mio portaordini, l'SS-*Sturmmann *Spiekhofen, che mi seguiva da vicino, lo uccise. Facemmo più di sessanta prigionieri, tra i quali un colonnello. Eravamo completamente esausti, fisicamente ed emotivamente. Tutti gli uomini si stesero a terra e si addormentarono sul posto. Un sottufficiale mi raccontò l'intervento di Spiekhofen.*

***SS-Sturmann* della *Leibstandarte*.**

Prigionieri polacchi, settembre 1939.

Gli strinsi la mano. Che altro avrei potuto fare? La vita è tutto ma è sempre appesa ad un filo. La si può perdere in ogni momento, come se niente fosse". I combattimenti di quella giornata furono particolarmente cruenti e furono caratterizzati anche da episodi violenti, come ad esempio l'uccisione a sangue freddo di alcuni soldati tedeschi: l'*SS-Ostuf.* Brüchmann(24), comandante di plotone nella *14.Kp./LSSAH* e un sottufficiale SS, dopo essere rimasti feriti in combattimento, furono catturati dai soldati polacchi. Poco dopo, furono ritrovati morti e orrendamente mutilati. Verso le 11:00, il *Generalleutnant* Reinhardt poté annunciare che tutte le unità tedesche circondate erano state liberate. La battaglia del Bzura si era conclusa con una completa vittoria e con la distruzione di due armate polacche, la cattura di 105.000 prigionieri, dei quali 20.000 rivendicati dalla *4.Panzer-Division* e dalla *Leibstandarte*. Le forze polacche resistevano ormai solo a Varsavia e nell'area fortificata di Modlin, ad una ventina di chilometri a nord-ovest della stessa capitale. La *Leibstandarte*, tranne il suo *II./LSSAH*, fu rilevata per essere trasferita nel settore Fw.Paski-Zawady-Gnatowice, per un breve riposo. Il *II./LSSAH* restò invece nella zona dei combattimenti per annientare gli ultimi centri di resistenza nemici.

Scontri nell'area di Modlin

Il 21 settembre, dopo una giornata di riposo, nel corso della quale gli uomini furono principalmente impegnati a rimettere in sesto le loro armi ed i loro veicoli, la *Leibstandarte* passò alle dipendenze del *XV.Armee-Korps* del *General der Infanterie* Hoth. Al Corpo era stato ordinato di attaccare la fortezza di Modlin da sud, mentre da nord avrebbe attaccato il *II.Armee-Korps*. Alle 7:00, l'*SS-Ogruf.* Dietrich ricevette l'ordine di trasferire la sua unità nel settore Kol.Lubiec-Wiersce. La marcia dei reparti SS fu notevolmente ostacolata dal cattivo stato delle strade, che costrinse gli uomini a scendere dai loro veicoli e marciare a piedi. Una volta raggiunto il nuovo settore, la *Leibstandarte* fu aggregata alla *29.Inf.Div.* del *Generalleutnant* Lemelsen, fatta eccezione per il *I./LSSAH,* che rimase a disposizione del *XV.Armee-Korps* nell'area tra Leszno e Kol.Lubiec. Il giorno dopo, il grosso del reggimento mosse nell'area di Wiersce, tranne questa volta il *II./LSSAH,* che fu impegnato a ripulire la regione boscosa di Janowec. Nella serata, la *Leibstandarte* ricevette l'ordine di rilevare alcuni battaglioni dell'esercito che tenevano il settore Dobrozyn-Malocice-Czeczothki, spostando la linea di combattimento in avanti di circa trecento metri.

Postazione difensiva della *Leibstandarte* nell'area a sud di Modlin, settembre 1939.

Postazione della *Leibstandarte* a sud di Modlin.

L'appoggio di artiglieria sarebbe stato fornito dal *I./Art.Rgt.65.* All'alba del 23 settembre, si realizzò l'operazione di rilievo: il *I./LSSAH* prese posizione sul fianco sinistro ed il *III./LSSAH* su quello destro, mentre il *II./LSSAH* restò indietro per assicurare la protezione dei depositi di munizioni ad est di Janowec e per mantenere il collegamento con l'*Inf.Rgt.71.* L'artiglieria polacca iniziò subito a colpire le posizioni delle compagnie SS in prima linea. Alcuni prigionieri polacchi catturati riferirono che le truppe che difendevano la piazzaforte di Modlin stavano per tentare una sortita verso la capitale nel corso della notte. All'inizio della serata, il *II./LSSAH* fu trasferito a sua volta in prima linea, andando a rilevare il *I./Inf.Rgt.15*. Sulla sua sinistra c'erano i reparti della *2.leichte-Division*. Di fronte alle posizioni difese dalla *Leibstandarte* si trovava il forte 'V'.

Soldati della *Leibstandarte*, appoggiati da alcuni carri dell'esercito, durante un attacco.

Reparti della *Leibstandarte* durante una marcia di trasferimento sul fronte di Modlin.

Il generale polacco Wiktor Thommée, comandante della fortezza di Modlin negozia la resa con il generale tedesco Adolf Strauß, 29 settembre 1939.

Soldati della *Leibstandarte* durante una parata, 1939.

Nella giornata del 24 settembre, non si verificarono scontri di rilievo, a parte qualche tiro di artiglieria. All'alba del giorno dopo, alcuni disertori polacchi riferirono che all'interno della fortezza erano iniziate a mancare le scorte di munizioni e quelle alimentari ed il morale delle truppe era notevolmente calato. Nel corso della mattinata, il comandante Sepp Dietrich seguì la *15.(Kradsch.)Kp./LSSAH* a Guzow, per accogliere il *Führer* ed accompagnarlo nell'ispezione del fronte. Il giorno dopo, il *I./LSSAH* fu rilevato da un battaglione della *221.Inf.Div.* e trasferito in riserva a sud di Brzozowka. Nel pomeriggio, due pattuglie formate con elementi del *II.* e *III./LSSAH,* furono inviate verso il forte 'V' per valutare se effettivamente i polacchi fossero pronti ad arrendersi. Ma furono accolte a colpi di armi da fuoco e rimasero uccisi anche due soldati. Nel corso della notte tra il 27 ed il 28 settembre, la *Leibstandarte* fu rilevata dalle sue posizioni dall'*Infanterie-Regiment 354* (*213.Infanterie-Division*) e trasferita come riserva per la *10.Armee* nel settore Sochaczew-Bielice-Paprotnia. Il 29 settembre, dopo l'ultimo assalto tedesco alla fortezza, i polacchi capitolarono.

Hitler in visita ai suoi fedeli reparti della *Leibstandarte* sul fronte polacco nel settembre 1939: una calorosa stretta di mano con Sepp Dietrich, alla presenza di un sorridente Max Wünsche.

Consegna decorazioni ai soldati più meritevoli, 1939.

Bilancio della campagna

Il 1° ottobre, Sepp Dietrich ricevette l'ordine di trasferimento della sua unità a Praga, insieme all'*SS-Pionier-Bataillon* delle *SS-Verfügungstruppe*. La *Leibstandarte* doveva rimpiazzare il reggimento SS '*Der Führer*', trasferito a sua volta lungo il *Westwall*. E così terminò la campagna di Polonia per gli uomini della *Leibstandarte Adolf Hitler*, nel corso della quale la guardia del corpo del *Führer* lamentò la perdita di 108 caduti (di cui otto ufficiali), 292 feriti e 4 dispersi.

Note

(1) Wilhelm Bittrich, nacque il 26 febbraio 1894 a Wernigerode im Harz. Nel 1932 entro nelle SS (SS-Nr. 39 177) inquadrato nell'*SS Fliegerstaffel "Ost"*. In seguito ottenne il comando della *SS-Standarte 74*, prima di lasciare l'*Allgemeine SS* nell'agosto 1934 per passare al comando della seconda compagnia della *SS-Standarte 'Germania'*. Nell'ottobre 1936, fu trasferito al reggimento "*Deutschland*" come comandante del II° battaglione, carica che conservò fino all'estate del 1938. Nel giugno 1939 Bittrich fu trasferito alla *Leibstandarte* come aiutante presso lo Stato Maggiore di Sepp Dietrich, dove rimase fino al termine della campagna polacca.

Adolf Hitler passa in rivista i reparti della *Leibstandarte* in Polonia, settembre 1939.

Un'altra foto della visita di Hitler alla *Leibstandarte*.

(2) Karl Ferdinand Reichsritter von Oberkamp, nacque a Monaco il 30 ottobre 1893, SS-Nr. 310 306. Si distinse nel corso della Prima Guerra Mondiale sul fronte della Lorena tra il 1914 ed il 1915 e successivamente nel Tirolo in seno all'*Alpenkorps*, a Verdun nel 1916 e nei Carpazi nel 1917. Terminò la guerra come comandante della *14.Kp.* del *Jäger-Rgt.3*. Servì nel Corpo franco *'Oberland'* tra il 1920 ed il 1923 e partecipò al fallito *Putsch* di Monaco del 1923. Iniziò allora a fare l'insegnante di educazione fisica e solo nel marzo del 1935 entrò nella *Reichswehr*, dove sfruttò il suo passato in seno all'*Alpenkorps*, prima come

Major beim Stab del *Geb.Jg.Rgt. 98* e poi come *Adjutant* nella *3.Geb.Div.* nel 1938. Il 1° novembre 1938 entrò nelle SS con il grado di *SS-Sturmbannführer*, come istruttore di tattica presso le *SS-Junkerschulen.*

(3) Otto Baum nacque il 15 Novembre 1911 a Hechingen-Stetten. Nel 1933 entrò nelle SS (SS-Nr. 237 056); subito dopo fu trasferito alla Scuola Ufficiali SS di Braunschweig. Promosso *Untersturmführer* il 20 aprile 1936, assunse il comando di un plotone del Reggimento *Germania* ad Arolsen, prima di essere trasferito due anni più tardi alla *Standarte Der Führer*, creata nel maggio 1938 in Austria, al comando della *10.Kp.*

(4) Hans Bissinger, nato il 25 gennaio 1913 a Monaco, SS-Nr. 53 698. In precedenza aveva servito nella *2./Sta. 'Deutschland'.*

(5) Heinz Bertling, nato il 20 ottobre 1898 a Kiel, SS-Nr. 60 258. Entrò nelle SS il 1° aprile 1931. Il 12 marzo 1934 fu promosso al grado di *SS-Untersturmführer* servendo nello Stato Maggiore dell'*SS-Abschnitt XXVI.* Lasciò quello stesso anno la SS per trasferirsi nella *Landespolizei* con il grado di *Hauptmann.* Ritornò nelle SS nel marzo 1935 come professore di tattica alla *SS-Junkerschule 'Braunschweig'.* Tra il febbraio e l'aprile del 1938, servì nella *3.SS-Totenkopf-Standarte.* Prima di passare alla *Leibstandarte*, comandò a titolo provvisorio il *I./Sta. 'Deutschland'.*

(6) *Gen.Kdo.XIII.AK, Tagesbefehl v.26.8.1939.*

(7) Albert Frey, nato il 16 febbraio 1913 a Heidelberg, SS-Nr. 111 913. Prima di passare alla *Leibstandarte*, militò nella *Standarte 'Deutschland'* e frequentò la *SS-Junkerschule 'Braunschweig'.*

(8) R. Lehmann, "*Die Leibstandarte. Band I*", pagina 92.

(9) Ibidem.

(10) Hubert Meyer, nato a Berlino il 5 dicembre 1913, entrò nelle SS-VT il 15 luglio 1933 (SS-Nr. 266 464), ed assegnato alla *12.Kompanie* della *SS-Standarte 'Deutschland'* il 4 agosto 1934. Nel 1936 fu selezionato ed ammesso alla *SS-Junkerschule* di Bad Tölz e dopo il corso per ufficiali ed un altro breve corso per comandanti di plotone, il 20 aprile 1937 fu promosso al grado di *SS-Untersturmführer.* Il 1º maggio 1937 ottenne il comando di un plotone della *10.Kp./LSSAH.* Nel novembre del 1938, fu promosso *SS-Obersturmführer* e guidò il suo plotone nella Campagna di Polonia, ricevendo la Croce di Ferro di Seconda Classe l'8 novembre 1939.

(11) Kurt Adolf Wilhelm *'Panzer'* Meyer, nato a Jerxheim (vicino Braunschweig) il 23 dicembre 1910. Dopo aver frequentato la scuola elementare, Meyer iniziò gli studi per diventare commerciante, ma dovette interromperli per sopperire alla grave situazione economica familiare. Iniziò quindi prima a lavorare in fabbrica e poi tra il 1928 ed il 1929 in miniera. Nell'ottobre del 1929, riuscì ad arruolarsi nella forze di polizia del Mecklenburgo. Il 15 ottobre 1931, fu ammesso nelle SS (SS-Nr.: 17 559), nella *22.SS-Standarte* di Schwerin. Il 15 maggio 1934 fu trasferito nella guardia del corpo di Hitler, la *Leibstandarte SS Adolf Hitler*, con il grado di *SS-Untersturmführer.* Nel settembre 1936 fu promosso al grado di *SS-Obersturmführer* ed ottenne il comando della *14.(Pz.Jg.)Kp.* Il 12 settembre 1937 giunse la promozione ad *Hauptsturmführer.*

(12) Kurt Meyer, "*Grenadiers*", pagina 3

(13) Franz Fischer, nato il 1° marzo 1911 a Monaco, SS-nr. 1 929.

(14) NARA, T-354/609. *Divisionsbefehl für das Verhalten der Truppe im Operationsgebiet. 4.9.1939.* Nell'ordine Loch non citò precisamente la *Leibstandarte*, ma le '*truppe motorizzate a lui subordinate*', praticamente gli uomini di Dietrich.

(15) Kurt Meyer, "*Grenadiers*", pagina 3 e 4.

(16) R. Lehmann, "*Die Leibstandarte. Band I*", pagina 99.

(17) Rudolf Lange, nato il 31 gennaio 1910 a Tiebensee, SS-Nr. 51 421. Caduto il 12 settembre 1939 a Swiecice.

(18) Herbert Kaschula, nato il 23 settembre 1912 a Lichterfelde (Berlino), SS-Nr. 23 708. In precedenza aveva servito nella *3./LSSAH.*

(19) Kurt Meyer, "*Grenadiers*", pagina 6.

(20) Hans Pfeiffer, nato il 5 dicembre 1915 a Hamberge, SS-Nr. 173 987. Aveva servito in precedenza nel *I./Sta.'Germania'* (1935) per poi essere trasferito nel *Pz.Späh Zug/LSSAH* (1938). In seguito comanderà la *6./SS-Pz.Rgt.1* e cadrà in Normandia il 12 giugno 1944 come comandante della *4./SS-Pz.Rgt.12.*

(21) Artur Klingemeier, nato il 24 febbraio 1913 a Kummerfeld, SS-Nr. 25 936.

(22) Fritz Beutler, nato il 28 aprile 1910 a Berlino, SS-Nr. 34 783. Aveva militato in precedenza nella *1.Kp./LSSAH.*

(23) R. Lehmann, "*Die Leibstandarte. Band I*", pagina 116-117.

(24) Johannes Brüchmann, nato il 24 agosto 1911 a Erfde nell'Holstein, SS-Nr. 10 367.

Soldati del reggimento *Deutschland* in addestramento con un mortaio, estate 1939.

L'impiego della Panzer Division Kempf

Il 1° settembre, alle 4:45, iniziarono le operazioni militari contro la Polonia. Le forze della *3.Armee* di Küchler, inclusa la *Panzerverband*, attraversarono il confine, penetrando nella Mazovia settentrionale. I reparti della *Panzer-Division 'Kempf'* avanzarono sul fianco destro della 1ª brigata di cavalleria. Il Generale Kempf ordinò all'*SS-Aufkl.-Abt.* di inviare pattuglie in ricognizione verso Bialuty e le foreste più ad ovest, mentre le altre forze tedesche iniziarono ad attaccare la posizione di Mlawa, difesa dalla 20ª divisione di fanteria polacca. I primi attacchi lanciati dai reparti della *61.Infanterie-Division* furono però respinti dal fuoco nemico. Quindi fu richiesto l'intervento del reggimento *'Deutschland'*, agli ordini dell'*SS-Standartenführer* Felix Steiner, che ricevette l'ordine di aprire una breccia nelle difese nemiche, attaccando proprio in direzione della città di Mlawa, su entrambi i lati della strada Napierken-Mlawa.

Reparti della SS-VT si preparano a muovere all'attacco delle posizioni polacche.

Le posizioni difensive polacche a Mlawa.

L'attacco del *'Deutschland'* sarebbe stato appoggiato dal fuoco dell'artiglieria divisionale. Steiner impegnò due battaglioni, il *III./'D'* sulla destra che doveva conquistare il villaggio di Dvierznis ed il *I./'D'* sulla sinistra, che doveva invece attaccare il villaggio di Zavadski. Il *II./'D'* rimase sotto il controllo del reggimento. Occupate le due posizioni, i due battaglioni dovevano poi procedere verso sud, in direzione di Mlawa. I reparti del *'Deutschland'* marciarono senza incontrare alcuna resistenza fino a quando non giunsero in prossimità della quota 192, dove i polacchi si erano solidamente trincerati. Non appena i soldati SS si avvicinarono alla posizione, finirono sotto il fuoco delle armi pesanti dei polacchi. Steiner inviò delle pattuglie in esplorazione per trovare dei punti più deboli nella linea difensiva nemica.

Carri tedeschi lanciati all'attacco contro le posizioni difensive polacche, settembre 1939.

L'attacco del *Deutschland* e dei carri del *Pz.Rgt.7*.

Ascoltiamo la testimonianza del soldato Georg Prell, della *3.Kp./Deutschland*, per conoscere come si svolsero i combattimenti a Zavadski: "*...eravamo in guerra da circa sei ore. La nostra compagnia raggiunse il villaggio di Zavadski lungo la nostra direttrice di marcia. I Polacchi avevano disteso a protezione barricate di filo spinato, dietro le quali si ergeva l'altura da dove si dominava tutta l'area circostante. Non potevamo fermarci, dovevamo essere più veloci del nemico. L'*Unterscharführer *Krieger con il suo plotone passò attraverso il filo spinato attaccando le posizioni polacche sull'altura. I Polacchi risposero con un massiccio fuoco di sbarramento bloccando l'attacco dei nostri. Krieger fu uno tra i primi ad essere colpito mortalmente dal fuoco nemico e fu anche il primo caduto della nostra compagnia caduto in combattimento. Per avere ragione del nemico, aggirammo la posizione fortemente difesa e attaccammo in un altro settore,* *dove riuscimmo ad aprirci un varco...*". Nello stesso tempo, dal comando tedesco giunsero nuovi ordini e la promessa di un possibile appoggio corazzato. Il *'Deutschland'* avrebbe dovuto continuare ad attaccare la collina frontalmente impegnando due gruppi d'assalto lungo i fianchi. L'attacco sarebbe stato appoggiato dall'artiglieria e dai mezzi corazzati del *Panzer-Regiment 7*. I soldati SS attaccarono quindi nel primo pomeriggio, ritrovandosi nuovamente bloccati dal massiccio fuoco di sbarramento del nemico.

Attacco di un carro del *Pz.Rgt.7* seguito dai fanti del *Deutschland* contro le posizioni a Mlawa.

Fanti del *Deutschland* bloccati dal fuoco nemico.

L'appoggio dei carri si rivelò subito inefficace dal momento che i polacchi avevano approntato solide difese anticarro, impiegando sezioni di binari ferroviari infisse nel cemento lungo la strada, che bloccarono l'avanzata dei *panzer*. I pochi carri che riuscirono a superare gli ostacoli, finirono sotto il fuoco dell'artiglieria campale polacca, costringendo l'*Oberst* Landgraf ad interrompere l'attacco e ad ordinare il ripiegamento: sette carri furono distrutti e altri 32 danneggiati. In questo modo, i soldati SS restarono da soli sotto il fuoco serrato dell'artiglieria e dei cecchini polacchi. Un gruppo d'assalto del *I./'D'* riuscì ad arrivare a pochi metri dalla prima linea di bunker, prima che fosse nuovamente bloccato dal fuoco nemico.

Una *MG-34* del *Deutschland* su affusto pesante *Lafette*.

Colonna del *Deutschland* in marcia su una strada polacca, settembre 1939 (*Collezione Carlo Fattoretto*).

Con il favore delle tenebre, tutti i reparti tedeschi ripiegarono in buon ordine, riportandosi a distanza di sicurezza dalle posizioni di fuoco polacche.

Il 2 settembre, la *Panzerverband* fu trasferita nel settore di Rodefeld, più a est, per tentare di aggirare la posizione di Mlawa. Nell'occasione, fu aggregata al *Korps z.b.V. 'Wodrig'* (*General der Artillerie* Albert Wodrig) e organizzata su tre raggruppamenti tattici: il *Gefechtsgruppe 'Steiner'* (comprendente il grosso del reggimento SS '*Deutschland*'), il *Gefechtsgruppe 'Kleinheisterkamp'* (il *III./'D'*) e il *Gefechtsgruppe 'Schmidt'* (*Pz.Rgt.7*).

Il 3 settembre, la *Panzerverband* passò all'attacco, passando per Chorzele, Swiniary, Przasnysz, Wola e Ciechanow. Le posizioni polacche furono aggirate e i reparti nemici a difesa del settore di Mlawa, furono costretti a ripiegare. Dopo questo successo la *Panzerverband* fu aggregata al *III.Armee-Korps*, con la missione di attraversare il fiume Narew a Rozan. I gruppi d'assalto del *'Deutschland'* insieme al *Panzer-Regiment 7* inseguirono i reparti polacchi che battevano in ritirata proprio fino a Rozan, dove i polacchi avevano predisposto una nuova linea difensiva, che si articolava intorno ad una serie di bunker la cui costruzione risaliva all'epoca degli Zar. Gli scontri che seguirono furono terribili. Anche qui i reparti SS incontrarono una forte resistenza da parte di agguerriti reparti polacchi, i quali dopo aver respinto i primi assalti tedeschi lanciarono una serie di feroci contrattacchi impegnando squadroni di cavalleria e formazioni di carri leggeri. Nel corso di questi combattimenti, il *II./Pz.Rgt.7* perse altri undici carri. La guarnigione polacca alla fine depose le armi, sotto la potenza di fuoco dei tedeschi. L'8 settembre, la *Panzerverband* fu subordinata al *XXI.Armee-Korps*: questa volta l'obiettivo era la conquista di Lomza.

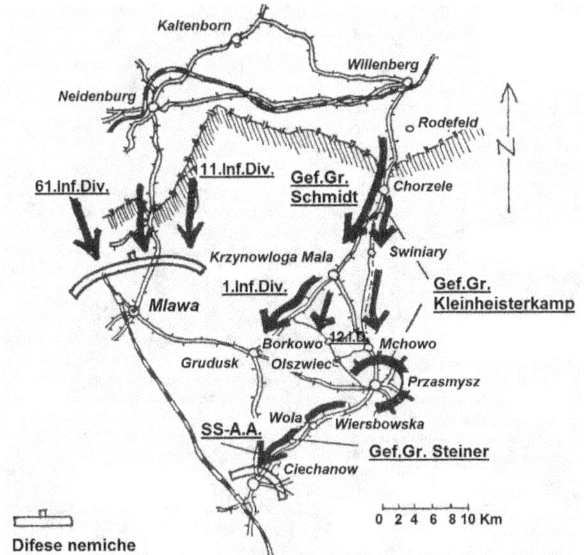

Movimenti dei reparti tra il 1° e il 4 settembre 1939.

L'*SS-Staf.* Felix Steiner in Polonia, 1939.

Elementi della *10.Kp./Deutschland* impegnati nell'area tra Lomza e Bialistock, settembre 1939.

Muovendo da Rozan, il *Gefechtsgruppe 'Steiner'* conquistò le posizioni di Czerwin e di Nordbory. Nel frattempo, il resto della *Panzerverband* conquistò a sua volta la posizione di Ostrow-Mazowieka. Dopo questo nuovo successo, i reparti di Kempf, a partire dal 12 settembre, proseguirono verso sud-est. La *Panzerverband* attraversò il fiume Bug a Brok e fu impegnata contro le forze polacche a Kliczym, Mink, Maz, Olwock, Siedlce e Garwolin. Nell'area ad est di Varsavia, la battaglia terminò il 15 settembre 1939.

Un soldato del reggimento *Deutschland* ispeziona i resti di un convoglio polacco distrutto.

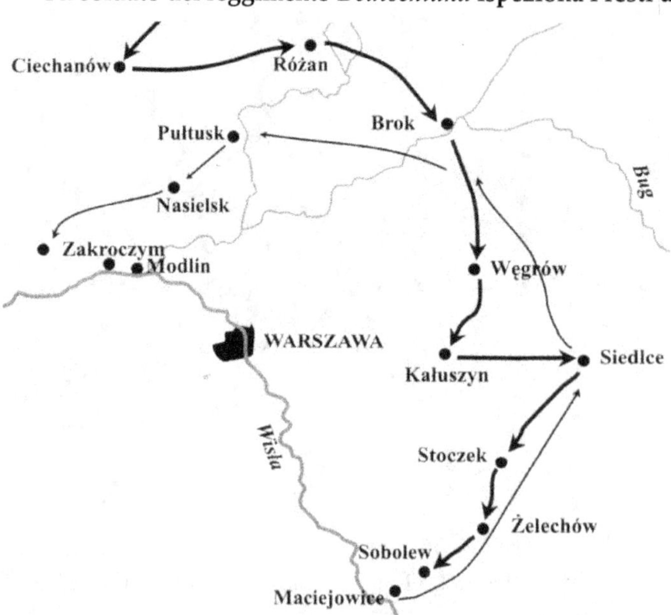

Spostamenti della *Pz.Div. 'Kempf'* tra Ciechanow e Modlin.

I forti di Modlin

La *Panzerverband* si spinse fino a Maciejowice sulla Vistola, passando per Stoczek, Zelechow e Sobolew. Il 16 settembre, ricevette l'ordine di portarsi nel settore di Modlin: dopo una estenuante marcia, per gli uomini e i veicoli, la *Panzerverband* fu messa a riposo tra il 18 e il 19 settembre, prima di essere impegnata contro la fortezza di Modlin, alle dipendenze del *II.Armee-Korps*. Trattandosi di un vero e proprio assedio, lo sforzo principale fu svolto naturalmente dai reparti di artiglieria, rinforzati nell'occasione da nuove unità, tra cui una batteria di obici da 305, la *Mörser-Bttr. 'Beck'*. I reparti tedeschi aggirarono Varsavia e proseguirono verso sud-ovest in direzione di Naczpolsk. Da qui partirono gli attacchi contro i forti numero 1 e numero 2 di Modlin, rispettivamente ad ovest e nord-est della città. I combattimenti per la conquista dei forti di Modlin durarono dal 19 al 29 settembre, ben undici giorni di sanguinosi ed estenuanti scontri che misero a dura prova i combattenti SS.

Una postazione difensiva del *Deutschland* sul fronte di Modlin.

Esploratore motociclista SS.

L'*SS-Staf.* Steiner con il suo stato maggiore, segue il corso dei combattimenti contro le posizioni polacche a Modlin.

Posizione difensiva del *Deutschland* sul fronte di Modlin.

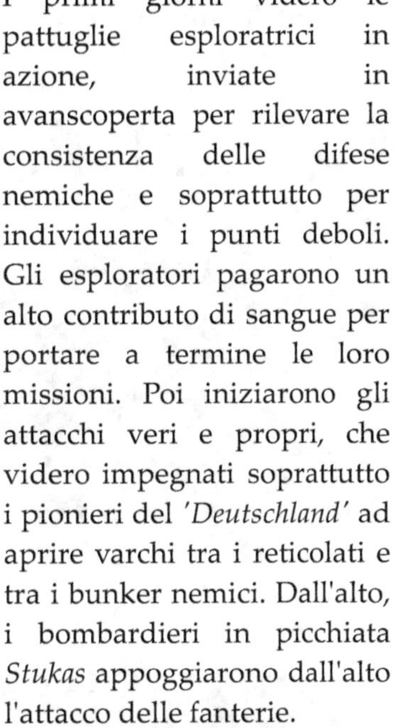

I primi giorni videro le pattuglie esploratrici in azione, inviate in avanscoperta per rilevare la consistenza delle difese nemiche e soprattutto per individuare i punti deboli. Gli esploratori pagarono un alto contributo di sangue per portare a termine le loro missioni. Poi iniziarono gli attacchi veri e propri, che videro impegnati soprattutto i pionieri del *'Deutschland'* ad aprire varchi tra i reticolati e tra i bunker nemici. Dall'alto, i bombardieri in picchiata *Stukas* appoggiarono dall'alto l'attacco delle fanterie.

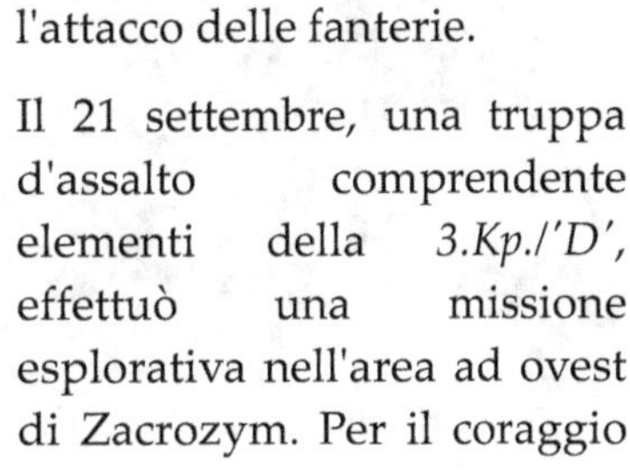

Il 21 settembre, una truppa d'assalto comprendente elementi della *3.Kp./'D'*, effettuò una missione esplorativa nell'area ad ovest di Zacrozym. Per il coraggio dimostrato sul campo, il suo comandante, l'*SS-Hstuf*. Fritz Witt[1], fu il primo soldato della *Panzerverband* ad essere decorato con la Croce di Ferro di Prima Classe.

Il Forte 1 della fortezza di Modlin a Zacrozym, alla fine dei combattimenti, settembre 1939.

Soldati del *Deutschland* vicino ai bunker del Forte 1.

Il 22, la fortezza di Modlin fu definitivamente tagliata fuori da Varsavia, grazie all'intervento massiccio degli *Stukas*. I reparti della *Panzerverband* giorno dopo giorno, eliminarono un poco alla volta le difese polacche.

Durante la notte del 28 settembre, una pattuglia SS riportò che la guarnigione del Forte di Zacrozym stava mostrando segni di cedimento ed era sul punto di arrendersi. Era quindi necessario un fulmineo attacco a sorpresa. All'alba del giorno dopo, l'*SS-Standartenführer* Steiner condusse personalmente all'attacco i suoi uomini contro le posizioni di Zacrozym e Modlin. Alle 5:00 del mattino, le avanguardie erano penetrate già nelle difese esterne polacche, pronte a lanciare l'attacco finale. Dal comando giunse l'ordine di attendere ancora un'ora, i polacchi stavano per arrendersi. Passata l'ora senza nessun segno di resa da parte del nemico, l'artiglieria tedesca riprese a colpire pesantemente la guarnigione di Zacrozym ed il forte numero 1. Aperta la strada da alcune squadre d'assalto armate con lanciafiamme, i reparti SS penetrarono dentro Zacrozym conquistandola completamente dopo circa un'ora. Gli ultimi reparti polacchi si arroccarono nel forte numero 1. Dopo un massiccio bombardamento da parte dell'artiglieria tedesca e da parte degli *Stukas*, la guarnigione (comprendente 1.200 ufficiali e 24.000 soldati e sottufficiali) fu costretta a chiedere la resa.

Soldati del *Deutschland* nei pressi di un bunker del Forte 1 a Zacrozym, settembre 1939.

***SS-Obf.* Karl Maria Demelhuber.**

Verso le 12:00, Steiner poté riferire al comando che i suoi battaglioni avevano conquistato tutti i loro obiettivi. Con la caduta della fortezza di Modlin, terminò anche la campagna in Polonia del reggimento *Deutschland*.

Il Germania nella campagna di Polonia

Nella notte tra il 16 e il 17 agosto 1939, il reggimento *'Germania'*, fu posto in allerta e raggruppato al campo di Königsbrück, dove passò alle dipendenze del *VIII.Armee-Korps*, che gli comunicò i seguenti ordini: raggiungere per il 2 settembre 1939 alle ore 3:00, il settore compreso tra le località di Althammer, Eichenkamp, Wieshuben, Kieferstädtel e Graumannsdorf, e prepararsi a marciare in direzione della posizione di Nikolai. Interamente motorizzato, il reggimento SS doveva appoggiare la *5.Panzer-Division*. Il 4 settembre, il reggimento giunse a

Myslowitz, malgrado i ponti distrutti e le strade minate e proseguì la sua marcia in direzione di Sosnowice. Il 10, il reggimento fu posto alle dipendenze del *XXII.Armee-Korps* per essere impegnato sulla testa di ponte sul fiume San. Senza il plotone autoblindo che era stato aggregato alla *5.Pz.Div.* e del *II./SS-G*, rimasto a disposizione del *VIII.Armee-Korps*, l'*SS-Staf.* Demelhuber dovette muovere con le sue truppe su strade intasate e giunse con notevole ritardo nel settore operativo del *XXII.Armee-Korps*, nel pomeriggio del 12 settembre, per poter essere impegnato. Ricevette quindi l'ordine di proteggere il fianco della *2.Pz.Div.* e della *4.leichte-Division*, tra Jaworow e Sadowa Wisznia.

Elementi della *15.Kp./Germania* in attesa di attraversare un fiume (*Collezione Charles Trang*).

***SS-Stubaf.* Köppen.**

Di fronte c'erano i resti delle unità polacche che si erano battute a Cracovia e che si erano trincerate nelle foreste vicine al settore assegnato al reggimento. Alle 5:00 del 13 settembre, giunse l'ordine di mettersi in posizione. Mancavano in quel momento anche la 2. e la *3.Kompanie*, lasciate in riserva al *XXII.Armee-Korps* a Wysocko. La *15.(Kradschtz.)Kp./SS-G* dell'*SS-Hstuf.* Mühlenkamp(2) bloccò la strada Przemysl-Lviv, in direzione di Sadowa Wisznia. Alle 15:00, i reparti SS si scontrarono con un battaglione polacco in fuga verso est. I motociclisti SS si lanciarono contro i loro nemici e non gli lasciarono il tempo di reagire: catturarono 500 soldati con i loro ufficiali. Nel frattempo, il *III./SS-G* dell'*SS-Stubaf.* Köppen, prese posizione lungo il settore assegnato. Verso sera, attaccato da forze superiori, la *15.(Kradschtz.)Kp./SS-G* subì pesanti perdite. Contrariamente a quanto era accaduto nel pomeriggio, si trattava questa volta di truppe polacche ben organizzate e determinate a rompere le linee tedesche per raggiungere Varsavia. Gli uomini di Mühlenkamp furono costretti a ripiegare verso nord, dove trovarono l'appoggio della *1.Kp./SS-G* dell'*SS-Hstuf.* Kempin(3), su entrambi i lati di Mala.

Elementi del reggimento *'Germania'* durante l'attacco ad un villaggio polacco, settembre 1939.

Un plotone mortai della *15.Kp./Germania* in Polonia. Al centro, con il berretto, si riconosce l'*SS-Hstuf.* Otto Paetsch.

Reparti anticarro polacchi in posizione, settembre 1939.

Il 15 settembre, il reggimento stabilì infine il collegamento con l'avanguardia motorizzata del *XVII.Armee-Korps*. Ma subito dopo, grandi masse di soldati polacchi, spinti dalla 7. e dalla *44.Infanterie-Division*, finirono per travolgere il *III./SS-G*, costringendolo a ripiegare su Jaworow. Le perdite furono comunque elevate. Tra i caduti, anche l'*SS-Stubaf.* Köppen e l'*SS-Hstuf.* Schomberg. Fu quindi stabilita una nuova linea difensiva che andava da Mogila fino alle alture a nord di Tuczapy. Ondata dopo ondata, gli attaccanti furono respinti, ma due gruppi d'assalto riuscirono a penetrare le posizioni SS. Il reggimento dovette così battere in ritirata fino all'area a sud di

Jaworow, abbandonando sul campo una gran quantità di materiali. Al mattino del 17 settembre, giunsero infine i reparti della *7.Inf.Div.* ad allentare la pressione sui reparti SS.

Truppe tedesche impegnate ad attraversare un ponte parzialmente distrutto dai polacchi.

Un veicolo da ricognizione attraversa un villaggio polacco.

Nel frattempo, il *II./SS-G,* sempre aggregato alla *8.Infanterie-Division,* il 12 settembre aveva ricevuto l'ordine di conquistare il ponte sul fiume San a Krzeszow. Questo significò per il reparto, così come per il *Pz.Abw.Abt.8* in appoggio, di effettuare un movimento di circa ottanta chilometri su strade disastrate e, per le divisioni di fanteria che seguivano, una marcia di due giorni. Furono necessarie undici ore per raggiungere la posizione di Kolbuszowa, stabilendo il collegamento con gli elementi della *5.Panzer-Division.* Senza perdere altro tempo, il *II./SS-G* proseguì la sua marcia in direzione di Rudnik, dove sorprese una unità ciclisti polacca. Secondo le testimonianze dei prigionieri, il ponte di Krzeszow era solidamente difeso ed erano state già predisposte sotto di esso delle cariche esplosive. L'*SS-Ostubaf*. Dörffler-Schuband decise allora di accelerare la marcia, lanciando una ricognizione verso il fiume San a Ulanowo.

Reparti tedeschi attraversano il fiume San a Przemysl. Da notare sulla sinistra, le masse di prigionieri polacchi.

Esploratori motociclisti SS in Polonia, settembre 1939.

Esploratori motociclisti e *Panzer* in Polonia, 1939.

Verso mezzogiorno, la *5.Kp./SS-G* conquistò il villaggio di Konstantinowo, vicino a Krzeszow e da qui, proseguì in direzione del ponte. La sponda del fiume fu assicurata, ma i reparti SS non riuscirono ad impedire la distruzione del ponte. Verso sera, alla testa di un forte gruppo d'assalto, l'*SS-Ostuf*. Jöckel, riuscì a stabilire una testa di ponte sulla riva opposta. Prima di saltare in aria, il ponte aveva permesso a numerosi soldati polacchi di spostarsi sulla sponda occidentale del San, che furono però intercettati dalla *5.Kp./SS-G* a Nisko. Il *II./SS-G* fu infine rilevato nel corso del 15 settembre. Rifornito di carburante nel pomeriggio, ricevette l'ordine di andare in soccorso del grosso del reggimento. Il battaglione giunse il giorno dopo a Przemysl e poi a Sadowa Wisznia. Da qui, attaccò sul fianco le masse della fanteria polacca che stavano tentando di ripiegare verso est. Nell'azione riuscirono a liberare numerosi soldati SS catturati e detenuti a Mala Omzola. Il 18 settembre, i reparti SS furono impegnati a ripulire le foreste situate nell'area e nello stesso tempo, il *II./SS-G* ritornò ad essere aggregato al reggimento. Il battaglione, terribilmente provato dai combattimenti di Jaworow, fu allora inviato a Cracovia e da lì, giunse a Beraun, a sud di Praga, per essere integrato nella *SS-Verfügungstruppe-Division*.

L'*SS-Hstuf.* **Karl Ullrich, comandante della** ***3.Kp./SS-Pionier-Bataillon.***

L'impiego dell'SS-Pionier-Bataillon

Fin dal 24 agosto 1939, il battaglione era stato subordinato al *XV.Armee-Korps* del generale Hoth. Questo corpo teneva il fianco destro della *10.Armee* di von Reichenau: la sua *2.leichte-Division* doveva attaccare in testa, avendo come obiettivo iniziale la Vistola. In seguito, si dovevano avvolgere le forze polacche da nord-est. Per fare questo, la *2.leichte-Division* del generale Stumme, ricevette il rinforzo di due compagnie dell'*SS-Pionier-Bataillon.* Il 1° settembre 1939, la divisione attraversò la frontiera alle 4:30. I pionieri SS furono impegnati subito dopo per neutralizzare i campi minati ed eliminare gli sbarramenti sulle strade. Ma non riuscirono ad impedire ai Polacchi di far saltare il ponte sul fiume Malapane. La *3.Kp./SS-Pi.Btl.* fu allora impegnata a costruire un nuovo ponte, operazione che fu completata circa un'ora dopo. Nello stesso tempo, fu iniziata la costruzione di un ponte da 12 tonnellate che fu completato nella notte tra il 1° ed il 2 settembre. Ma dalle 15:00, un altro ponte era stato costruito dai pionieri SS ed aveva permesso all'*Aufkl.Rgt.7* di attraversare il fiume e raggiungere la foresta a sud di Kosiecin. Ovunque le forze polacche iniziarono a ripiegare.

Spostamenti dell'*SS-Pi.Btl. 'SS-VT'* in Polonia, 1939.

L'*SS-Ostuf.* Lammerding.

Il 3 settembre, l'*SS-Pi.Btl.* si rimise in marcia in direzione di Woischnik, a disposizione del corpo d'armata. Alle 7:00, giunse l'ordine di riparare un ponte, missione che fu portata a termine in tre ore. Subito dopo giunse il generale Hoth in persona ad ordinare di rimettere in sesto il ponte situato sulla strada Koziklowy-Zarki. Il battaglione mosse in avanti ma trovò tutte le strade intasate di veicoli: i pionieri furono allora costretti a trasportare un ponte smontato sulle loro stesse spalle, muovendosi ai lati della strada.

Pionieri della *1.Kp./SS-Pi.Btl. 'SS-VT'* impegnati a tagliare dei tronchi per recuperare materiale per la costruzione di un ponte.

Pionieri impegnati a costruire un ponte.

L'*SS-Hstuf.* Tietz, comandante della *2./SS-Pi.Btl. 'SS-VT'* sul fiume Pilica, nei pressi di un ponte distrutto.

Compiuta la missione, il battaglione giunse a Mijaczowo. Il 4 settembre, il *XV.Armee-Korps* intercettò le retroguardie polacche ed una grossa concentrazione di truppe nemiche nel settore di Kielce. Alle 10:45, il battaglione ricevette l'ordine di ripulire l'area intorno alla strada Zarki-Lelow. In questo settore, l'unità lamentò il suo primo caduto in guerra, Herbert Norberger, comandante del 2° plotone della 3ª compagnia. I pionieri SS furono impegnati inoltre a ricostruire i ponti di Woischnik e di Smardzon, completando l'operazione verso le 14:00. Nel frattempo, la *2.leichte-Division* conquistò la posizione di Szczekociny, avendo così la possibilità di attaccare la posizione di Kielce. Nella notte tra il 4 e il 5 settembre, la *3.Kp./SS-Pi.Btl.* fu posta alle dipendenze dell'*Aufkl.Abt.29*. Per tutta la giornata del 5 settembre, i pionieri SS furono impegnati a riparare le strade nell'area del *XV.Armee-Korps*. Il giorno dopo, le unità del corpo si raggrupparono sulla linea Ostrowiec-Wierzlonik-Kaienna per riprendere la loro avanzata in direzione di Radom. L'*SS-Pi.Btl.* raggiunse Kielce e l'8 settembre, mentre il *XV.Armee-Korps* si batteva per Radom, il battaglione SS prese posizione tra la 2. e la 3.*leichte-Division*, lungo la linea Ostrowiec-Brody, per opporsi agli eventuali tentativi di penetrazione dei Polacchi. Il 9 settembre, le forze del *XV.Armee-Korps* impedirono al nemico di raggiungere la Vistola, quindi furono impegnate ad annientare le unità polacche circondate nella sacca di Radom. A tal scopo, l'*SS-Pi.Btl.* fu impegnato ad assicurare la linea Debowa-Wola-Piaski e il settore di Kamienna e Brody. Giunsero di rinforzo due compagnie motociclisti dell'*Aufkl.Abt.7*. Il 10 settembre, i pionieri SS furono impegnati a ripulire la foresta situata a nord di Ostrowiec, tra le strade Ostrowiec-Sicuno e Brody-Ilza. Nel pomeriggio, il battaglione ricevette l'ordine di controllare un importante centro di raggruppamento dei prigionieri a Ostrowiec.

Pionieri della 2./*SS-Pi.Btl.* 'SS-VT', impegnati a ricostruire un ponte stradale, settembre 1939.

Il ponte sulla Vistola ad Annopol, settembre 1939.

A partire dall'11 settembre, i Polacchi iniziarono ad arrendersi a compagnie intere. Il battaglione SS riferì di aver catturato il comandante della 3ª divisione polacca. Il 13 settembre, con la fine dei combattimenti per l'annientamento della sacca di Radom, l'*SS-Pi.Btl.* ricevette l'ordine di costruire un ponte sulla Vistola a Nowe. Tutta l'unità si mise al lavoro e nel pomeriggio del giorno dopo, il ponte fu completato. Il 15 settembre, l'*SS-Pi.Btl.* dovette rimettere in sesto per il *IV.Armee-Korps*, il ponte sulla Vistola ad Annopol, operazione che fu completata il giorno dopo. Il 19 settembre, l'*SS-Pi.Btl.* giunse a

Grodzisk. Il giorno dopo, ritornò alle dipendenze del *XV.Armee-Korps*. Fu aggregato alla *29.Inf.Div.* per ripulire la foresta situata a nord di Kaliszk. Il 21, ripulì la foresta di Puszcza con le sue prime due compagnie mentre la terza fu impegnata ad assicurare i collegamenti tra la *29.Inf.Div.* e la *2.leichte-Division*. Il 22 settembre, la colonna pontieri fu trasferita al *XIV.Armee-Korps*. Le altre compagnie continuarono a dare la caccia ai reparti isolati polacchi. Il 23 settembre, mentre proseguivano i rastrellamenti nel settore Puszcza-Kampinowska, il battaglione fu impegnato a costruire una strada di collegamento tra i reparti della *29.Inf.Div.* e della *2.leichte-Division*. Il 24 settembre, l'*SS-Pi.Btl.* passò alle dipendenze del *XIII.Armee-Korps* e alla *31.Inf.Div.* per l'attacco contro Varsavia, da sud-ovest. Il grosso del battaglione fu subordinato al *III./Inf.Rgt.17* impegnato nell'assalto principale, mentre la *3.Kp./SS-Pi.Btl.* andò a rinforzare il *II./Inf.Rgt.17* sulla sinistra. Il 25, i comandanti di compagnia furono informati sulle condizioni di impiego dei loro pionieri.

Reparti di fanteria e pionieri impegnati nell'attacco contro Varsavia, settembre 1939.

Reparti tedeschi per le strade di Varsavia.

Questi, dovevano essere organizzati in plotoni d'assalto in appoggio ai reparti di fanteria. Il loro equipaggiamento, lanciafiamme, fumogeni, cariche esplosive, doveva essere disponibile in ogni momento per neutralizzare gli ostacoli, i bunker e gli altri nidi di resistenza. L'attacco fu lanciato il 26 settembre alle 7:45 e progredì bene, ma quando i reparti tedeschi si avvicinarono alle posizioni nemiche finirono sotto un massiccio fuoco di sbarramento. Sul fianco sinistro, la *3.Kp./SS-Pi.Btl.* subì pesanti perdite. I pionieri SS raggiunsero per primi le trincee nemiche e le ripulirono a colpi di granate a mano. I combattimenti durarono per almeno sette ore. I Polacchi si batterono ferocemente: l'*Inf.Rgt.17* e i pionieri SS non riuscirono a raggiungere i loro obiettivi. La *3.Kp./SS-Pi.Btl.* lamentava 4 caduti e 9 feriti.

Reparti tedeschi durante i combattimenti a Varsavia.

Un gruppo d'assalto della *1./SS-Pi.Btl. 'SS-VT'*.

Il 27, mentre i fanti e i pionieri si stavano preparando a ripartire all'attacco, giunse la notizia che la guarnigione di Varsavia si era arresa. Il 28, il battaglione fu nuovamente aggregato al *XV.Armee-Korps* nel settore di Czechowice. Il 1° ottobre, ricevette l'ordine di raggiungere il campo della foresta di Brdy, ad est di Pilsen, per essere integrato nella *SS-Verfügungstruppe-Division*. Il 4 ottobre, giunse a Horowitz, dove la nuova divisione SS doveva essere formata. Qui, il battaglione doveva formare i nuclei per la creazione dei battaglioni pionieri delle nuove divisioni SS, in particolare della *SS-Totenkopf-Division* e della *Polizei-Division*. Inoltre, numerosi pionieri, grazie all'esperienza maturata sul campo, furono inviati alla scuola di Dresda per servire come istruttori in seno all'*SS-Pionier-Ersatz-Bataillon*, il cui comando fu affidato all'*SS-Ostubaf*. Blumberg. Al comando dell'*SS-Pionier-Bataillon* subentrò invece l'*SS-Hstuf*. Ferdinand Tietz(4).

Note

(1) Fritz Witt, nato il 27 maggio 1908 ad Hohenlimburg, un sobborgo della città di Hagen, SS-Nr. 21 518. Entrò nelle SS nel 1931, servendo inizialmente nella *SS-Stabwache 'Berlin'*. Il 1° ottobre 1933, Witt fu promosso al grado di *SS-Untersturmführer*. Nel settembre 1934, fu promosso *Obersturmführer* e poco dopo assunse il comando della *3.Kompanie* della *SS-Standarte 'Deutschland'*.

(2) Johannes-Rudolf Mühlenkamp nacque l'8 novembre 1910 a Metz-Montigny nella Lorena. Il 1° aprile 1933, entrò nelle *Allgemeine-SS* nella *4.SS-Standarte* ad Hartenholm, poi nel settembre 1934, si trasferì nelle *SS/VT* nella *SS-Standarte 2*. Rimase con questa unità fino a quando nell'aprile del 1935, fu inviato alla prima classe di aspiranti ufficiali presso la *Führerschule* di Braunschweig. Seguì un corso per comandanti di plotone a Dachau tra il febbraio e l'aprile del 1936. Mühlenkamp fu quindi assegnato come ufficiale nella nuova *15./Sta. 'Germania'* all'inizio di aprile dello stesso anno e subito dopo fu sottoposto all'addestramento per motociclisti con la *2.Panzer Division* dell'esercito. La sua *Sturm* diventò la *Kradschützen Kompanie 'Germania'*. Dal 1° novembre 1937 al 1° maggio 1938, Mühlenkamp fu impegnato nell'addestramento come comandante di plotone con il *II./Sta. 'Germania'*.

(3) Hans Kempin, nato il 7 giugno 1913 a Berlino, SS-Nr. 51 240. In precedenza aveva servito nella *1./LSSAH* e dopo aver frequentato la *SS-Junkerschule* di Bad Töl, passò nella *1./Sta. 'Deutschland'*.

(4) Ferdinand Tietz, nato il 19 dicembre 1903 a Bredinken in Prussia Orientale, SS-Nr. 247 061. In precedenza aveva servito al comando della *2./SS-Pi.Btl.2*.

Hitler con i suoi generali, saluta le sue truppe trionfanti in marcia, settembre 1939.

Consegna al *Führer* di uno stendardo catturato ad un reparto polacco, settembre 1939.

Bibliografia, fonti e riferimenti fotografici

Fonti primarie

Archivi pubblici

Bundesarchiv Berlin Lichterfelde, Germania
Bundesarchiv-Militärarchiv Freiburg, Germania
U.S. National Archives Washington, Stati Uniti
Vojensky Historicky Archiv Praga, Republica Ceca

Pubblicazioni dell'epoca

"*Der grosse deutsche feldzug gegen Polen*", Vienna 1939
Heinrich Hoffmann, "*Mit Hitler in Polen*", Berlino 1939
Hugo Landgraf, "*Kampf um Danzig*", Dresda 1940

Fonti secondarie: libri pubblicati

Sulla Waffen SS in generale

M. Afiero, "*Waffen SS in guerra. Vol.I: 1939-1943*", Associazione Culturale Ritterkreuz
F. Duprat, "*Les campagnes de la Waffen SS*", Les Sept Couleurs
H. Landemer, "*La Waffen SS*", Balland, 1972
Felix Steiner, "*Die Freiwilligen: Idee un Opfergang*", Plesse Verlag, Göttingen 1958

Sui reparti SS

M. Afiero, "*Leibstandarte Adolf Hitler, vol.I: 1933-1943*", Associazione Culturale Ritterkreuz
M. Afiero, "*2.SS-Panzer-Division 'Das Reich' vol.I: 1939-1943*", Associazione Culturale Ritterkreuz
M. Afiero, "*3.SS-Panzer-Division 'Totenkopf' vol.I: 1939-1943*", Associazione Culturale Ritterkreuz
R. Lehmann, "*Die Leibstandarte: vol.1*", Munin Verlag
Jacek Solarz, "*SS-Verfügungstruppen 1939*", Wydawnictwo Militaria
C. Trang, "*Leibstandarte 1933-42*", Editions Heimdal
Otto Weidinger, "*Division Das Reich. Der Weg der 2. SS-Panzer-Division "Das Reich". Die Geschichte der Stammdivision der Waffen-SS. Band I*", Munin-Verlag

Sulla campagna di Polonia e la Seconda Guerra Mondiale

B.H. Liddell Hart, "*Storia militare della seconda guerra mondiale*", Mondadori
Steven J. Zaloga, "*L'invasione della Polonia*", Osprey Publishing

Pubblicazioni periodiche

Rivista *Ritterkreuz*, bimestrale dedicato alle formazioni della *Waffen SS*: alcuni numeri

Riferimenti fotografici

Bundesarchiv, Germania (BA), Washington, D.C. National Archives and Records Administration (NA), Berlin Document Center (BDC), Istituto di Storia Moderna di Lubiana (MZNS), Filmati Deutsche Wochenschau (DW), Imperial War Museum (IWM), Munin Verlag

Collezioni private

Massimiliano Afiero (MA), Carlo Fattoretto (CF), Giorgio Bussano (GB), Pierre Tiquet (PT), Charles Trang (CT)

INDICE

Introduzione 5
Fall Weiss 6
L'impiego dei reparti SS 9
La Panzerverband 'Ostpreussen' 11
Morire per Danzica 13
L'SS-Heimwehr Danzig 15
Il Gruppe Eberhardt 17
Inizia l'attacco 17
L'assalto contro l'ufficio postale polacco 19
L'attacco alla Westerplatte 21
Impiego in altri settori 24
L'impiego delle altre unità Totenkopf 26
L'impiego della Leibstandarte Adolf Hitler 27
Ordini per la Leibstandarte 29
Primi scontri 31
Prosegue la marcia verso nord 43
Sul fronte del Bzura 50
Scontri nell'area di Modlin 60
Bilancio della campagna 63
L'impiego della Panzer Division Kempf 67
I forti di Modlin 72
Il Germania nella campagna di Polonia 75
L'impiego dell'SS-Pionier-Bataillon 80
Bibliografia, fonti e riferimenti fotografici 87